统计基础与实务

主　编　胡振威　徐　锐　熊衍红
副主编　赵彩云　秦　李　宋　萍　陈巧霞

北京理工大学出版社
BEIJING INSTITUTE OF TECHNOLOGY PRESS

版权专有　侵权必究

图书在版编目（CIP）数据

统计基础与实务 / 胡振威，徐锐，熊衍红主编 .—北京：北京理工大学出版社，2018.8（2024.2 重印）

ISBN 978-7-5682-6127-2

Ⅰ.①统…　Ⅱ.①胡…　②徐…　③熊…　Ⅲ.①统计学–高等学校–教材　Ⅳ.①C8

中国版本图书馆 CIP 数据核字（2018）第 189618 号

出版发行 /	北京理工大学出版社有限责任公司
社　　址 /	北京市丰台区四合庄路 6 号
邮　　编 /	100070
电　　话 /	（010）68914775（总编室）
	（010）82562903（教材售后服务热线）
	（010）68948351（其他图书服务热线）
网　　址 /	http：//www.bitpress.com.cn
经　　销 /	全国各地新华书店
印　　刷 /	北京虎彩文化传播有限公司
开　　本 /	787 毫米 × 1092 毫米　1/16
印　　张 /	11
字　　数 /	258 千字
版　　次 /	2018 年 8 月第 1 版　2024 年 2 月第 4 次印刷
定　　价 /	32.00 元

责任编辑 / 杜春英
文案编辑 / 郭贵娟
责任校对 / 周瑞红
责任印制 / 施胜娟

图书出现印装质量问题，请拨打售后服务热线，本社负责调换

前　言

统计学是关于认识客观现象总体量特征和数量关系的方法论学科，它通过收集、整理和分析客观事物或现象的数据来推断客观事物或现象的内在规律或发展趋势。统计学在经济学、金融学、管理学、计算机科学、信息科学、工程学、生物学等领域有着广泛的应用，并与之有力结合，共同发展。统计学产生于应用，并在应用过程中发展壮大。随着计算机数据处理技术的迅速发展并应用在统计工作中，统计学的应用领域被进一步拓展，并在这些领域显现它的生命力和重要作用。

基于统计学学科地位的重要性、涉及领域的广泛性和职业上的实用性，我们希望更多的人，尤其是高职高专的学生可以学习其基本理论和方法并在将要从事的工作中加以利用。在广泛听取企业相关工作人员和学生的意见与建议后，我们组织有多年统计课程教学和研究经验与心得的教师编写了本书。

本书的编写突出高职高专教育特点，根据相关专业工作岗位的实际需要，以"管用、够用、实用"为原则，精简了不必要的数学推导和理论证明，强化统计方法在社会经济领域中的应用，注重培养学生利用统计专业知识解决实际问题的能力。同时，本书注重吸取统计实践及统计学教学改革的新方法和新经验。在编写内容上力求做到结构完整、概念准确、层次分明、重点突出、理论简明扼要、示例通俗易懂。此外，每个学习任务后面附有思考练习题与实训安排，供学生理解、巩固和检验所学知识。

本书由胡振威、徐锐、熊衍红任主编，由赵彩云、秦李、宋萍、陈巧霞任副主编。具体的编写分工为：湖北财税职业学院的胡振威和熊衍红分别编写第一章和第二章，湖北财税职业学院的秦李编写第三章，湖北轻工职业技术学院的徐锐编写第四章，湖北财税职业学院的赵彩云编写第五章，随州职业技术学院的宋萍编写第六章，湖北财税职业学院的陈巧霞、王娜分别编写第七章和第八章。陈巧霞对全书进行了统稿。

在教材的编写过程中，我们得到了北京理工大学出版社的大力支持，也参考了兄弟院校的一些同类教材和研究成果。在此，向其致以衷心的感谢！由于编者水平有限，书中难免有疏漏之处，诚请读者批评指点，以便于我们修正。

编　者
2018 年 4 月

目 录

第一章 认识统计 ……………………………………………………………（ 1 ）
  1.1 统计的产生和发展 ………………………………………………………（ 2 ）
    1.1.1 统计学的萌芽期 ……………………………………………………（ 2 ）
    1.1.2 统计学的近代期 ……………………………………………………（ 3 ）
    1.1.3 统计学的现代期 ……………………………………………………（ 3 ）
  1.2 统计学研究的对象和方法 ………………………………………………（ 4 ）
    1.2.1 统计学研究的对象 …………………………………………………（ 4 ）
    1.2.2 统计学的研究方法 …………………………………………………（ 5 ）
    1.2.3 统计学的分类与应用 ………………………………………………（ 7 ）
  1.3 统计工作的任务和内容 …………………………………………………（ 8 ）
    1.3.1 统计工作的任务 ……………………………………………………（ 8 ）
    1.3.2 统计的职能 …………………………………………………………（ 8 ）
    1.3.3 统计工作的过程 ……………………………………………………（ 9 ）
  1.4 统计学的基本概念 ………………………………………………………（ 9 ）
    1.4.1 总体和总体单位 ……………………………………………………（ 9 ）
    1.4.2 标志、变异和变量 …………………………………………………（ 11 ）
    1.4.3 指标与指标体系 ……………………………………………………（ 12 ）

第二章 数据搜集 ……………………………………………………………（ 17 ）
  2.1 统计数据的来源 …………………………………………………………（ 18 ）
    2.1.1 桌面调查 ……………………………………………………………（ 18 ）
    2.1.2 原始数据的搜集 ……………………………………………………（ 19 ）
  2.2 调查设计 …………………………………………………………………（ 26 ）
    2.2.1 调查方案设计 ………………………………………………………（ 26 ）
    2.2.2 调查问卷设计 ………………………………………………………（ 29 ）

第三章　数据整理与显示 …………………………………………………………（43）

3.1　统计整理 ……………………………………………………………………（45）
3.1.1　统计整理的概念和意义 …………………………………………………（45）
3.1.2　统计整理的程序和方法 …………………………………………………（45）
3.2　统计分组 ……………………………………………………………………（46）
3.2.1　统计分组的分类 …………………………………………………………（46）
3.2.2　统计分组的方法 …………………………………………………………（48）
3.3　频数分布 ……………………………………………………………………（50）
3.3.1　频数分布的概念 …………………………………………………………（50）
3.3.2　变量数列的编制方法 ……………………………………………………（50）
3.3.3　累计频数和累计频率 ……………………………………………………（53）
3.3.4　数列的分布类型 …………………………………………………………（55）
3.4　数据显示 ……………………………………………………………………（57）
3.4.1　未分组数据的图表显示 …………………………………………………（57）
3.4.2　分组数据的图表显示 ……………………………………………………（60）

第四章　统计指标分析 …………………………………………………………（71）

4.1　总量指标 ……………………………………………………………………（72）
4.1.1　总量指标的概念 …………………………………………………………（72）
4.1.2　总量指标的种类 …………………………………………………………（72）
4.1.3　总量指标的作用 …………………………………………………………（74）
4.1.4　总量指标的计算方法 ……………………………………………………（74）
4.1.5　总量指标统计的要求 ……………………………………………………（74）
4.2　相对指标 ……………………………………………………………………（75）
4.2.1　相对指标的概念和表现形式 ……………………………………………（75）
4.2.2　相对指标的种类和计算 …………………………………………………（75）
4.2.3　正确运用相对指标的原则 ………………………………………………（79）
4.3　平均指标 ……………………………………………………………………（79）
4.3.1　平均指标的概念、特点和作用 …………………………………………（79）
4.3.2　算术平均数 ………………………………………………………………（80）
4.3.3　调和平均数 ………………………………………………………………（82）
4.3.4　几何平均数 ………………………………………………………………（83）
4.3.5　众数 ………………………………………………………………………（83）
4.3.6　中位数 ……………………………………………………………………（85）
4.4　标志变异指标 ………………………………………………………………（87）
4.4.1　标志变异指标的概念和作用 ……………………………………………（87）
4.4.2　全距 ………………………………………………………………………（88）
4.4.3　平均差 ……………………………………………………………………（89）

4.4.4　标准差 …………………………………………………………（90）
　　4.4.5　标准差系数 ………………………………………………………（91）

第五章　时间序列分析 …………………………………………………（97）

5.1　时间序列概述 …………………………………………………………（98）
　　5.1.1　时间序列的概念 ……………………………………………………（98）
　　5.1.2　时间序列的种类 ……………………………………………………（98）
　　5.1.3　时间序列的作用 ……………………………………………………（98）
　　5.1.4　时间序列的编制原则 ………………………………………………（99）

5.2　时间序列水平分析 ……………………………………………………（99）
　　5.2.1　发展水平 ……………………………………………………………（99）
　　5.2.2　平均发展水平 ………………………………………………………（99）
　　5.2.3　增长量 ………………………………………………………………（106）
　　5.2.4　平均增长量 …………………………………………………………（107）

5.3　时间序列速度分析 ……………………………………………………（107）
　　5.3.1　发展速度 ……………………………………………………………（107）
　　5.3.2　增长速度 ……………………………………………………………（108）
　　5.3.3　平均发展速度 ………………………………………………………（109）
　　5.3.4　平均增长速度 ………………………………………………………（110）
　　5.3.5　计算与应用动态分析指标时应注意的问题 ………………………（110）

5.4　时间序列的影响因素分析 ……………………………………………（111）
　　5.4.1　长期趋势分析 ………………………………………………………（111）
　　5.4.2　季节变动分析 ………………………………………………………（114）

第六章　统计指数分析 ……………………………………………………（120）

6.1　统计指数的含义和分类 ………………………………………………（120）
　　6.1.1　统计指数的概念 ……………………………………………………（120）
　　6.1.2　统计指数的作用 ……………………………………………………（121）
　　6.1.3　统计指数的分类 ……………………………………………………（121）

6.2　综合指数 ………………………………………………………………（122）
　　6.2.1　综合指数的概念及计算的一般原理 ………………………………（122）
　　6.2.2　数量指标综合指数的编制 …………………………………………（123）
　　6.2.3　质量指标综合指数的编制 …………………………………………（124）

6.3　平均指数 ………………………………………………………………（125）
　　6.3.1　平均指数的概念 ……………………………………………………（125）
　　6.3.2　平均指数的种类 ……………………………………………………（125）

6.4　指数体系与因素分析 …………………………………………………（126）
　　6.4.1　指数体系的概念与作用 ……………………………………………（126）
　　6.4.2　指数体系的因素分析 ………………………………………………（127）

6.4.3 平均指标变动因素分析 ……………………………………………… (128)
6.5 几种常用的价格指数 ………………………………………………………… (129)
6.5.1 商品零售价格指数 ……………………………………………… (129)
6.5.2 居民消费价格指数 ……………………………………………… (130)
6.5.3 股票价格指数 …………………………………………………… (131)

第七章 抽样估计 ………………………………………………………………… (134)

7.1 抽样与抽样分布 ……………………………………………………………… (135)
7.1.1 认识抽样调查 …………………………………………………… (135)
7.1.2 抽样调查中的基本概念 ………………………………………… (138)
7.1.3 抽样分布 ………………………………………………………… (141)
7.2 参数估计 ……………………………………………………………………… (143)
7.2.1 估计量的评选标准 ……………………………………………… (143)
7.2.2 点估计 …………………………………………………………… (144)
7.2.3 区间估计 ………………………………………………………… (144)
7.3 样本容量的确定 ……………………………………………………………… (145)
7.3.1 估计总体均值时样本容量的确定 ……………………………… (146)
7.3.2 估计总体比例时样本容量的确定 ……………………………… (146)

第八章 相关与回归分析 ………………………………………………………… (151)

8.1 相关分析 ……………………………………………………………………… (152)
8.1.1 相关分析的概念 ………………………………………………… (152)
8.1.2 相关分析的分类 ………………………………………………… (153)
8.1.3 相关关系的度量 ………………………………………………… (154)
8.2 一元线性回归分析 …………………………………………………………… (155)
8.2.1 一元线性回归分析的概念 ……………………………………… (156)
8.2.2 一元直线回归模型的建立及应用 ……………………………… (157)
8.2.3 估计标准误差 …………………………………………………… (159)

参考文献 …………………………………………………………………………… (162)

第一章

认识统计

任务引入

国家统计局：2017 年全年消费支出对国内生产总值增长的贡献率为 58.8%

中华人民共和国国家统计局 2018 年 2 月 28 日发布数据：初步核算，2017 年，全年的国内生产总值为 827 122 亿元，比上年增长 6.9%。其中，第一产业的增加值为 65 468 亿元，增长 3.9%；第二产业的增加值为 334 623 亿元，增长 6.1%；第三产业的增加值为 427 032 亿元，增长 8.0%。第一产业的增加值占国内生产总值的比例为 7.9%，第二产业的增加值占国内生产总值的比例为 40.5%，第三产业的增加值占国内生产总值的比例为 51.6%。2017 年，全年最终消费支出对国内生产总值增长的贡献率为 58.8%，资本形成总额对国内生产总值增长的贡献率为 32.1%，货物和服务净出口对国内生产总值增长的贡献率为 9.1%。2017 年，全年人均国内生产总值为 59 660 元，比上年增长 6.3%。全年国民总收入 825 016 亿元，比上年增长 7.0%。

支出法国内生产总值可以反映一个国家的经济总量规模和发展水平，反映最终消费支出、资本形成总额、货物和服务净出口三大需求的结构状况及对经济增长的拉动作用，对制定消费、投资和进出口政策，制定宏观经济协调发展政策等，都具有十分重要的作用。

分析：从上述资料中可以看出，要了解消费支出、资本形成总额、货物和服务净出口对国内生产总值的综合影响和分别影响，必须在收集相关数据等资料的基础上进行统计分析和研究，才能为政府制定相关经济政策提供依据。

学习目标

（1）认识统计的含义、研究对象、研究方法和基本概念，为学习这门课程的后续知识奠定基础。

（2）了解统计学产生与发展的历史；理解统计学的含义；知晓统计学研究对象和所用方法；掌握相关基本概念。

1.1 统计的产生和发展

"统计"一词在日常生活中经常出现，不同场合可以有不同的含义。一般而言，统计有三个含义：统计工作、统计资料和统计学。

统计工作又称统计活动、统计实践，它是根据统计研究的问题和目的，对统计资料的收集、整理、分析的全部工作过程。统计工作是统计一词最基本的含义，没有统计工作，就不会有统计资料，而没有丰富的统计实践活动，就不会产生统计学。

统计资料是指统计实践活动过程所取得的各项数字资料及与之相关的其他资料的总和，包括观察、调查的原始资料和经过整理、加工的系统资料。

统计学是关于认识客观现象总体数量特征和数量关系的方法论学科。它是对统计理论和统计科学，即对统计实践活动的理论概括、总结和提高，所得到的统计工作规律性的原理和方法，并用以指导统计实践的一门学科。

统计产生于人类认识社会、改造社会的实际计数需要，并随着社会政治经济的发展和国家管理的需要而不断发展成熟。古今中外，各个政府都会利用统计的方法为国家管理服务。例如，据《尚书·禹贡》记载，距今 4 000 多年前的大禹治水时代，全国分为九州，当时汇总了九州的人口和土地数字，分别为 1 335 万人和 2 438 万顷①，称为九州表。公元前 3 000 多年的古埃及王朝，对全国人口进行过普查。中世纪的欧洲国家，经常搜集确认人口、军队和居民职业等方面的资料。

虽然人类统计实践的历史很悠久，但在 17 世纪之前，统计方法仅局限于原始登记和简单计算，甚至连"统计"一词都没有出现，更谈不上形成系统的学科理论体系。统计学作为一门专业的学科出现，距今只有 300 多年的历史。一般认为，统计学产生于 17 世纪中叶的欧洲。

1.1.1 统计学的萌芽期

统计学的萌芽期为 17 世纪中叶—18 世纪末，当时主要有政治算术学派和国势学派。

1. 政治算术学派

政治算术学派的创始人是 17 世纪的英国学者威廉·配第（William Petty，1623—1687），在他所著的《政治算术》一书中，在运用大量数据对当时的英国、荷兰、法国之间的"财富和力量"进行数量上的计算和比较后，最后得出结论：英国的国际地位不悲观！同时还提出英国社会发展的方向和道路。因为他做了前人没有做过的从数量方面来研究社会经济现象的工作，所以马克思称威廉·配第是"政治经济学之父"，在某种程度上也可以说是统计学的创始人。

2. 国势学派

这个学派的代表人物是海门尔·康令（Hermamn Conring，1606—1681）、高特费里德·

---

① 1 顷 = 66 666.667 平方米。

阿亨瓦尔（Gottfried Achenwall，1719—1772）等。他们在大学中开设了一门新课程，最初叫"国势学"，人们把从事这方面研究的德国学者称为国势学派。他们所做的工作主要是对国家重要事项进行记录，因此又被称为"记述学派"。这些记录记载着关于国家组织、人口、军队、领土、居民职业以及资源财产等事项，几乎完全偏重于质的解释，而忽视了量的分析。严格来说，这一学派的研究对象和研究方法都不完全符合统计学的要求，只是登记了一些记述性材料，借以说明管理国家的方法。但是，国势学派对统计学的创立和发展做出了不容置疑的贡献，那就是为统计学这门新兴的学科起了一个至今仍为世界公认的名称——"统计学"（Statistics），并提出了至今仍为统计学者所采用的一些术语，如"统计数字资料""数字对比"等。

1.1.2 统计学的近代期

统计学的近代期为18世纪末—19世纪末，这一时期的统计学主要有数理统计学派和社会统计学派。

1. 数理统计学派

最初的统计方法是随着社会政治和经济的需要而逐步发展的，直到概率论被引进之后，数理统计学才逐渐成为一门成熟的学科。随着资本主义经济的发展，统计事业走向昌盛，成为近代文化高度发达的一个突出标志。比利时统计学家、数学家、天文学家阿道夫·凯特勒（Adoiphe Quetelet，1796—1874）将统计学和概率论完美结合，从此，统计学才开始进入发展的新阶段。阿道夫·凯特勒被国际统计学界称为"统计学之父"，他是数理统计学派的奠基人，数理统计就是在概率论的基础上发展起来的。随着统计学的发展，对概率论的运用逐步增加，同时自然科学的迅速发展和技术不断进步对数理统计的方法有进一步要求，这样，数理统计学就从统计学中分离出来，自成一派。

2. 社会统计学派

自阿道夫·凯特勒后，统计学的发展开始变得丰富而复杂起来。由于在社会领域和自然领域统计学被运用的对象不同，统计学的发展呈现出不同的方向和特色。19世纪后半叶，正当致力于自然领域研究的数理统计学派开始发展时，在德国却兴起了与之迥然异趣的社会统计学派。这个学派是近代各种统计学派中比较独特的一派。由于它在理论上比政治算术学派更加完善，在时间上比数理统计学派提前成熟，因此很快流行起来，对整个世界统计学界影响较大，流传较广。

社会统计学派由德国大学的克尼斯（Knies，1821—1898）教授首创，主要代表人物为恩格尔（Engel，1821—1896）和梅尔（Mayr，1841—1925）。他们认为，统计学的研究对象是社会现象，目的在于明确社会现象内部的联系和相互关系，统计方法应当包括社会统计调查中资料的收集、整理以及对其分析研究。他们认为，在社会统计中，全面调查，包括人口普查和工农业调查，居于重要地位；以概率论为根据的抽样调查，在一定的范围内具有实际意义和作用。

1.1.3 统计学的现代期

统计学的现代期为20世纪初到现在的数理统计时期。自20世纪20年代以来，数理统计学发展的主流从描述统计学转向推断统计学，如19世纪和20世纪初的统计学教科书中主要描述统计学中的一些基本概念、资料的收集、资料的整理、资料的图示和资料的分析等，后来逐步增加概率论和推断统计的内容。直到 20 世纪 30 年代，费希尔（Fisher，1890—1962）的推断统计学才促使数理统计进入现代范畴。

现在，数理统计学的丰富程度完全可以使其独立成为一门宏大的学科，但它还不可能完全代替一般统计方法论。传统的统计方法虽然比较简单，但在实际统计工作中运用的频率极大，正如四则运算与高等数学的关系一样。不仅如此，数理统计学主要涉及资料的分析和推断方面，而统计学还包括各种统计调查、统计工作制度和核算体系的方法理论，统计学与各专业相结合的一般方法理论等。由于统计学比数理统计学在内容上更为广泛，因此，数理统计学相对于统计学来说不是一门并列的学科，而是统计学的重要组成部分。

从世界范围看，自 20 世纪 60 年代以后，统计学的发展有三个明显的趋势：第一，随着数学的发展，统计学依赖和吸收数学营养的程度越来越迅速；第二，向其他学科领域渗透，或者说，以统计学为基础的边缘学科不断形成；第三，随着科学技术应用的日益广泛和深入，特别是借助电子计算机后，统计学所发挥的功效日益增强。

统计发展史表明，统计学是从设置指标研究社会经济现象的数量开始的，随着社会的发展与实践的需要，统计学家对统计方法不断丰富和完善，统计学也就随之不断发展和演变。从当前世界各国的研究状况来看，统计学已不仅为研究社会经济现象的数量方面，也为研究自然技术现象的数量方面提供各种统计方法；它为研究事物确定现象的数量方面和研究事物随机现象的数量方面提供各种统计方法。从统计学的发展趋势分析，它的作用与功能已从描述事物现状、反映事物规律，向进行样本推断、预测未来变化方向发展。它已从一门实质性的社会性学科，发展成为方法论性质的综合性学科。

1.2 统计学研究的对象和方法

1.2.1 统计学研究的对象

统计学研究的对象就是统计研究所要认识的客体，具体地讲，社会经济统计学研究的对象是社会经济现象总体的数量方面，即社会经济现象总体的数量特征和数量关系。

社会经济现象的数量方面所涉及的内容广泛，主要有人口数量和劳动力资源、社会财富和自然资源、社会生产和建设、商品交换和流通、国民收入分配和国家财政收入，以及金融、信贷保险、人民物质文化生活水平、科学技术与发展等。这些作为国民经济和社会发展的总体情况，其表现出来的基本数量特征和数量关系，构成了我们对社会的基本认识。

统计特点就其性质而言，是一种认识活动，它是通过数据资料的采集、整理、描述和分析来对客观事物的数量进行观察和探索的过程，在其活动过程中一般表现出以下几个方面的特点。

1. 数量性

统计学认识的对象是客观事物的数量方面，因此，统计活动的中心问题就是数据。统计就是用这些数据的各种组合来描述、反映客观事物的现状、数量关系和发展变化情况的。因此，数据就是统计的语言，统计数据对客观事物数量的反映表现在以下三个方面。

（1）数量的多少。它是从总量上反映事物发展的规模和水平。

(2) 事物间的数量关系，即各种现象之间是否存在数量关系，以及关系的紧密程度。

(3) 现象内部质与量的辩证统一关系。一定的质规定了一定的量，一定的量表现为一定的质，这就决定了社会经济统计在研究社会经济现象时必然是定性认识与定量认识相结合。

2. 总体性

统计主要是为了说明总体的情况，因此，它所观察和分析的是总体中每一个个体或具有代表性的一部分个数的全部数据，然后通过一定的分类汇总，整理出最终可以反映总体状态和特征的统计资料。例如，对某学科进行考试后，每个人的考试成绩反映的是个体差异，将每个人的考试成绩汇总后算出平均成绩，就能够从总体上反映全体学生对这门学科掌握的一般水平，这个"平均成绩"就反映总体特征，而它是每一个个体数据汇总得来的。这就是说，统计是从个体开始，对总体进行分析研究，而对个体的深入调查研究，是为了更好地分析研究和认识总体。

3. 变异性

变异性也叫差异性，这是相对于统计对象的特征而言的。统计观察的总体是由许多个体组成的，而这些个体除了在某一方面必须是同质的以外，在其他方面是千差万别的。统计数据是个体差异的客观记录，差异与变化正是我们对总体进行统计观察和研究的原因和依据。例如，在研究一个学校的学生情况时，除了作为该校学生这一点必须是同质的以外，每一个学生在数量方面（指年龄、身高、体重等）和属性方面（指性别、民族、政治面貌等）是千差万别的，正是对这些有差别的数据进行分类汇总，最后才得到能够反映总体情况的各方面的综合数据。

4. 具体性

社会经济统计的数量是具有一定的社会、经济和科技等内容的数量，即具体事物的数量，而不是抽象的数量，这正是与数学所研究数量的根本区别所在。所谓具体事物的数量，是指一定时间、地点及一定条件下某事物的数量表现，而且是与一定的质密切结合起来的。统计、研究某个具体事物的某个具体数量时，往往需要利用一定的科学方法，并要建立数学模型等，它是被作为一种手段、一种工具来使用，而不是对单纯的数字进行数量研究。

5. 社会性

社会经济统计认识的数量，是对社会、经济、政治、文化、科学技术等现象活动条件、活动过程的集合。活动又具体表现为生产、分配、流通和消费等各种社会形式。这就是说，统计研究对象的资料来源及服务对象是全社会的。而且，统计作为一种认识活动，作为大量观察的方法，它也需要社会各方面的广泛响应、配合、支持与参与。因此，其本身就带有强烈的、浓重的社会色彩。

1.2.2 统计学的研究方法

统计学的研究对象和性质决定着统计学的研究方法，解决统计学研究方法的问题是统计学研究过程的关键之一。统计学的研究方法主要有大量观察法、统计分组法、综合指标法、统计推断法和统计模型法。

1. 大量观察法

大量观察法是统计学所特有的方法。所谓大量观察法，是指对所研究的事物的全部或足够数量进行观察的方法。社会现象或自然现象受各种社会规律或自然规律相互交错作用的影响。在现象总体中，个别单位往往受偶然因素的影响，如果只对少数个体进行观察，则其结果不足以代表总体的一般特征。只有观察全部或足够的单位并加以综合，影响个别单位的偶然因素才会相互抵消，现象的一般特征才能显示出来。大量观察的意义在于可使个体与总体之间在数量上的偏差相互抵消。

大量观察法的数学依据是大数定律。大数定律是随机现象的基本规律，也是在随机现象大量重复中出现的必然规律。大数定律的一般概念是：在观察过程中，每次取得的结果不同，这是由偶然性所导致的，但大量重复观察结果的平均值却几乎接近确定的数值。狭义的大数定律就是指概率论中反映上述规律性的一些定理，它所表明的是平均数的规律性与随机现象的概率关系。

大数定律的本质意义在于，经过大量观察，把个别的、偶然的差异性相互抵消，将必然的、集体的规律性显示出来。例如，我们在研究一个地区职工工资水平时，每个人的工资有多有少，但随着观察人数的增多，调查的结果就越来越具有代表性或越接近实际。从哲学上说，这是偶然与必然、个别与一般的对立统一规律在数量关系上的反映。统计调查中的许多方法，如普查、统计报表、抽样调查等，都是通过观察研究对象的大量单位来了解社会经济现象发展情况的。

2. 统计分组法

统计分组法就是根据一定的研究目的和现象的总体特征，将总体各单位按一定的标志，把社会经济现象划分为不同性质或类型的组别。统计分组法是统计研究的基本方法，主要用于统计整理阶段。

统计分组的目的是揭示现象内部各部分之间存在的差异性，认识它们之间的矛盾。总体内部有各种各样的差异，有的是带有根本性质的差异，不划分就不能进行数量上的描述和研究，就会发生认识上的错误或偏差。有的差异虽然不是根本性质的，但只有应用分组法才能使人们对总体的认识逐步深入。

由于对总体单位分组是在取得资料后整理资料时进行的，因此分组容易被认为只是一种整理方法。其实，无论从实际工作过程还是从作用上讲，它都是始终贯穿于统计活动全过程的一种重要方法，它的作用在统计设计和分析研究中都十分显著。

3. 综合指标法

统计研究的对象具有数量性和总体性的特点，要综合说明大量现象的数量关系，概括地表明其一般特征，必须采用综合指标。综合指标就是从数量方面对现象总体的规模及其特征的概括说明。例如，我国 2017 年的国内生产总值为 827 122 亿元，比上年增长 6.9%。其中，第一产业增加值为 65 468 亿元，增长 3.9%；第二产业增加值为 334 623 亿元，增长 6.1%；第三产业增加值为 427 032 亿元，增长 8.0% 等。这些都是综合指标。所谓综合指标法，就是运用各种综合指标对现象的数量关系进行对比分析的方法。

大量原始资料经过分组整理汇总，得出综合指标数值。统计必须在此基础上，进一步计算各种分析指标，对现象的数量关系进行对比分析。统计分析的方法较多，有综合指标分析法、时间数列分析法、统计指数分析法、相关与回归分析法、抽样推断技术等，其中综合指标分析法是统计分析的基本方法，其他各种统计分析方法均离不开综合指标的对比分析。

4. 统计推断法

统计学在研究现象的总体数量关系时，需要了解的总体对象的范围往往是很大的，有时甚至是无限的，而由于经费、时间和精力等各种原因，有时在客观上只能从中观察部分单位或有限单位进行计算和分析，根据结果来推断总体。例如，要说明一批灯泡的平均使用寿命，只能从该批灯泡中随机抽取一小部分进行检验，借以推断这一批灯泡的平均使用寿命，并以一定的置信标准来推断所作结论的可靠程度。这种在一定置信程度下，根据样本资料的特征，对总体的特征作出估计和预测的方法称为统计推断法。统计推断法是现代统计学的基本方法，在统计研究中得到了极为广泛的应用，它既可以用于对总体参数的估计，也可以用作对总体的某些假设检验。从这种意义上来说，统计学是在不确定条件下做出决策或推断的一种方法。

5. 统计模型法

统计模型法是根据一定的经济理论和假设条件，用数学方程去模拟客观经济现象相互关系的一种研究方法，如相关分析法、回归分析法和统计预测法。利用这种方法，可以对社会经济现象发展变化过程中存在的数量关系进行比较完整和近似的描述，从而简化客观存在的复杂关系，以便于利用模型对社会经济现象的发展变化进行数量上的评估和预测。

1.2.3 统计学的分类与应用

统计学已经发展成为由若干分支组成的学科体系，而统计方法也被广泛应用于自然科学和社会科学的众多领域，可以说统计无处不在。

1. 统计学的分类

由于采用不同的视角或不同的研究重点，人们常对统计学科体系做出不同的分类。一般而言，有两种基本的分类：从方法的功能来看，统计学可以分为描述统计学和推断统计学；从研究的重点来看，统计学可以分为理论统计学和应用统计学。

1）描述统计学和推断统计学

描述统计学（Descriptive Statistics）是研究如何取得反映客观现象的数据，并通过图表形式对所搜集的数据进行加工处理和显示，进而通过综合概括与分析得出反映客观现象的规律性数量特征的一门学科。描述统计学的内容包括统计数据的收集方法、数据的加工处理方法、数据的显示方法、数据分布特征的概括与分析方法等。

推断统计学（Inferential Statistics）是研究如何根据样本数据去推断总体数量特征的方法，它是在对样本数据进行描述的基础上，对统计总体的未知数量特征做出以概率形式表述的推断。

描述统计学和推断统计学是统计方法的两个组成部分。描述统计学是整个统计学的基础，推断统计学则是现代统计学的主要内容。推断统计学在现代统计学中的地位和作用越来越重要，已成为统计学的核心内容。这是因为在对现实问题的研究中，所获得的数据主要是样本数据。但这并不等于说描述统计学不重要，如果没有描述统计学收集可靠的统计数据并提供有效的样本信息，那么再科学的统计推断方法也难以得出切合实际的结论。从描述统计学发展到推断统计学，既反映了统计学发展的巨大成就，也是统计学发展成熟的重要标志。

2）理论统计学和应用统计学

理论统计学（Theoretical Statistics）也称为数理统计学，主要探讨统计学的数学原理和统计公式的来源。它是统计方法的理论基础，主要包括概率理论、抽样理论、实验设计、估计理论、假设检验理论、决策理论、非参数统计、序列分析、随机过程等。

应用统计学（Applied Statistics）主要是探讨如何运用统计方法去解决实际问题。其实，将理论统计学的原理应用于各个学科领域，就形成了各种各样的应用统计学。例如，统计方法在生物学中的应用形成了生物统计学，在医学中的应用形成了医疗卫生统计学等。应用统计学着重阐明这些方法的统计思想和具体应用，而不是统计方法数学原理的推导和证明。

2. 统计学的应用

统计学已经形成一个学科体系，并且几乎所有的研究领域都要用到统计方法，如农学、精算学、人类学、考古学、审计学、教育学、工程学、医学、金融学、博彩业、遗传学、地理学、管理学、市场营销学、气象学、军事学、政治学、心理学、质量管理、社会学等。

3. 统计学的地位和性质

统计学是高等院校的核心课程，是高等教育的教学内容和课程体系改革的关键。由经济类和工商管理类教学指导委员会讨论通过并报教育部批准的必修课程中，经济类各专业的核心课程共八门：政治经济学、西方经济学、计量经济学、国际经济学、货币银行学、财政学、会计学、统计学；工商管理类各专业的核心课程共九门：微观经济学、宏观经济学、管理学、管理信息系统、会计学、统计学、财务管理、市场营销学、经济法。由此可见，统计学作为经济类和工商管理类的核心课程，具有十分重要的地位。

从性质上看，统计学是一门具有方法论特点的综合性学科。一般而言，按研究对象是属于自然现象还是社会现象，人类科学研究划分为自然科学和社会科学。但统计学的研究对象是自然和社会领域的各种数据资料，这就决定了统计学不是一门实质性学科，而统计方法又具有跨学科性质且有较高概括程度和较大适应范围，这些都决定了统计学属于一般方法论学科。

1.3 统计工作的任务和内容

1.3.1 统计工作的任务

统计工作是对客观事物的调查研究过程，也是对客观事物的认识过程。由中华人民共和国第十一届全国人民代表大会常务委员会第九次会议于 2009 年 6 月 27 日修订通过，自 2010 年 1 月 1 日起施行的《中华人民共和国统计法》第二条明确规定："统计的基本任务是对经济社会发展情况进行统计调查、统计分析，提供统计资料和统计咨询意见，实行统计监督。"

1.3.2 统计的职能

统计作为进行管理和调控的重要工具，同时具备三种职能，即信息职能、咨询职能和监督职能。

1. 信息职能

信息职能是通过统计系统，运用科学的调查方法，采集经济、社会、科技等方面活动情况的统计数据，为国家、社会、世界提供统计信息。信息职能是统计的主要职能。

2. 咨询职能

咨询职能是对大量的、丰富的统计信息，运用科学的分析方法，进行综合分析，向决策部门提供各种备用方案，起到参谋作用。

3. 监督职能

监督职能是通过信息反馈来检验决策是否科学可行，对决策在执行过程中出现的偏差，提出矫正意见，运用各种统计手段对社会、经济、科技各方面进行检查、监督和预警。

为了有效地发挥统计工作的整体功能，必须不断提高统计数据的质量，保证统计数据的可靠性和时效性。

1.3.3 统计工作的过程

统计工作过程是指统计组织机构完成统计任务的过程。主要分以下几个阶段：

1. 统计设计阶段

统计设计阶段是整个统计工作过程的准备阶段，是整个统计工作的龙头。它主要解决的问题是采集什么样的数据和如何采集这些数据，并拟定出设计方案，对可行性方案进行反复的论证和择优选用。

2. 统计调查阶段

统计调查阶段是从调查单位采集基础数据的阶段。它是根据统计方案的要求来收集所需要认识的事物的原始资料，这是实际统计工作的起点，也是进一步进行统计资料整理和分析的基础。

3. 统计整理阶段

统计整理阶段是对调查所得的原始数据进行分组、汇总等一系列的加工整理工作，使数据进一步系统化、条理化，以便进行统计分析。

4. 统计分析阶段

统计分析阶段是统计工作出成果的阶段，也是进一步开发统计信息价值的阶段，它是提供统计服务的一个重要基础。统计分析是对经过加工整理的统计资料加以分析研究，计算各种统计分析指标，通过定性和定量分析相结合，以揭示现象所包含的数量特征和规律性。

1.4 统计学的基本概念

1.4.1 总体和总体单位

1. 总体

1) 总体的含义

总体是统计总体的简称，是统计学研究的对象。它是由客观存在的、在同一性质基础上结合起来的许多个别事物（总体单位）构成的整体。例如，要研究某市商业企业的经营情况，就应把该市所有的商业企业作为一个总体。因为它包括许多商业企业，每个商业企业都是客观存在的，并且其经济职能是相同的——都是从事商品流通活动的基层单位，这些单位便构成一个总体。通过对这个总体进行研究，就可以说明该市商业企业经营活动的状况和各种数量特征，如对从业人数、资金规模、技术力量、销售额、经济效益等方面进行研究。再如，研究一个学校某班学生的学习情况，就可将该班全部学生作为总体；要检验一批灯泡的使用寿命，这批灯泡就是一个总体；研究合理化建议的提出和采纳情况，则全部的合理化建议便是总体。

从上面的举例可以看出，由于研究目的的不同，总体的范围可大可小，可以由单位组成，也可以由人、物组成，还可以由某些事件组成。

2）总体的基本特征

（1）同质性。同质性是指总体各单位必须具有某种共同的性质，才能构成统计总体。例如，商业企业总体中每一个商业企业都具有相同的经济职能，都是从事商品流通活动的，这样才能组成商业企业总体。同质性是总体的根本特征，是构成统计总体的前提条件。

（2）大量性。大量性是指总体是由许多单位组成的，一个或少数单位不能形成总体。这是因为统计研究的目的是揭示现象发展变化的一般规律，而事物的发展变化规律只能在大量事物的普遍联系中表现出来。例如，前面谈到的要检验一批灯泡的使用寿命，就不能只用少数几个灯泡来检验，因为个别灯泡有偶然性，不能反映这批灯泡的质量。我们必须对大量的或者足够多的单位进行研究，才能使个别单位偶然因素的作用相互抵消，从而显示出总体的本质和规律性。大量性是统计研究的必要条件。

（3）差异性。差异性是指总体各单位除了在构成统计总体这方面性质相同外，在其他方面还有许多不同的表现。例如商业企业总体中，每个企业除了具有相同的经济职能外，其他方面如经济类型、从业人数、销售额、利税额等就各不相同。差异是普遍存在的，统计研究就是要在个别事物的差异中寻找共性，以揭示其活动的规律性。差异性是进行统计研究的内容。

上述三个特征缺一不可，只有同时具备这三个特征，才能形成统计总体，才能进行统计研究。

3）总体的种类

按照总体中所包含的个别单位是否可以计数，总体可分为有限总体和无限总体。

有限总体是指总体的范围能够明确确定，而且所包含的个体数是有限可数的。例如，上面提到的商业企业总体、灯泡总体、学生总体、合理化建议总体等都是有限总体。

无限总体是指总体所包括的个体是无限的、不可数的。例如，太空星球总体，世界上的植物总体、动物总体，大量连续生产的某种小件产品总体等则属于无限总体。

从理论上讲，总体都应是有限的，只是由于各种条件的限制，有些总体的个别单位不可计数，才把这些总体假定为无限总体。对有限总体既可以进行全面调查，也可以进行非全面调查，而无限总体只能进行非全面调查。

2. 总体单位

总体单位简称单位或个体，是指构成总体的个别单位。例如上例某市商业企业这一总体中，每一个商业企业都是构成这个总体的一个个体，也就是一个总体单位；再如灯泡总体中的每只灯泡、学生总体中的每个学生、合理化建议中的每条合理化建议等都是总体单位。可见，随着研究目的的不同，总体单位可以是单位、人、物及事件等。

3. 总体和总体单位的关系

总体和总体单位之间的关系属于整体与个体的关系。它们的划分不是固定不变的，而是相对的，会随着研究目的的改变而发生变化。当研究目的和任务确定后，统计总体和相应的总体单位就产生和固定下来。如上例中，研究某市商业企业的经营情况，该市所有商业企业是总体，每一个商业企业是总体单位。如果研究目的改变为研究全国大中城市商业企业的经营情况，则该市商业企业就不再是总体，而变成了总体单位，全国所有大中城市的全部商业企业才是统计总体。

1.4.2 标志、变异和变量

1. 标志

1）标志的概念

标志是反映总体单位特征的名称。这些属性或特征是统计总体各单位所共同具有的。例如，某班全部学生是一个整体，每一个学生是总体单位，那么，说明总体单位特征（即每个学生的特征），如性别、年龄、民族、身高、体重等就是标志。又如，在调查某市商业企业的经营状况时，该市所有的商业企业是总体，每一个商业企业是总体单位，这些商业企业的所有制形式、经营方式、销售额、盈利水平等就是标志。

2）标志的表现

标志的表现是指每一个总体单位所表现的具体属性或数量特征，一般用文字或数值来表现。例如，某学生的性别是男，年龄是20岁，民族是汉族，这里，"性别""年龄""民族"是标志，而"男""20岁""汉族"就是标志表现。

3）标志的种类

（1）按标志表现是文字还是数值分为品质标志和数量标志。品质标志只能用文字来表现，是表明总体单位"质"的特征。前面所列举的性别、民族、所有制形式、经营方式等就是品质标志。例如，性别这一品质标志表现为男、女；民族这一品质标志表现为汉、回、满等56个民族；企业所有制这一品质标志表现为公有制企业、非公有制企业等。而数量标志只能用数字来表现，是表明总体单位"量"的特征，例如，前面所提到的身高、体重、产品销售量、市场占有率、盈利水平等。数量标志的具体数字表现称为标志值。前面的年龄是数量标志，具体表现为20岁、21岁、22岁等就是标志值；市场占有率是数量标志，其具体表现为3%、9%、21%等则是标志值。

（2）按标志表现是否完全相同分为不变标志和可变标志。不变标志是同一总体的所有单位在某一标志名称下的具体表现完全相同。例如，某市商业企业的总体中，每一个商业企业的经济职能是相同的，都是从事商品流通活动的，"经济职能"就是一个不变标志。可变标志是同一总体的各个单位在某一标志名称下的具体表现不完全相同。例如，某市商业企业的总体中，除了"经济职能"这个标志必须相同外，商业企业的经济类型、所属行业、从业人数、销售额、职工平均工资、利税额等，其具体表现在总体各个单位是不尽相同的，它们属于可变标志。

总体的同质性是不变标志的体现，而总体的差异性则是可变标志的体现。一般地，以不变标志构成统计总体，以可变标志作为统计研究的内容。

2. 变异

变异是指标值和指标具体表现上的差异，包括属性的变异和数量的变异。例如，学生的性别这一标志可以具体表现为"男""女"，这是属性上的变异，而学生考试成绩的具体表现"46分""60分""73分""85分"等，就是数量上的变异。

3. 变量

1）变量和变量值

一般情况下，将可变的数量标志称为变量。有时也将可变统计指标的名称称为变量。变量的具体数值表现就是变量值（标志值、指标值）。例如以某班学生为总体，每一个学生为总体单位，调查该班学生统计考试成绩，考试成绩是数量标志，具体表现为46分、60分、73分、85分……94分，每个人的考试成绩之间有差异，我们称为变异。这样，考试成绩就是变量，而上面的具体考试分数是变量值。指标也是这样，不同班级的统计考试平均成绩会出现不同的数值，也可称为变量。

2）变量的种类

（1）变量按变量值是否连续，可分为连续变量和离散变量两种。连续变量是指变量值连续不断，其变量值可取小数的变量，如国内生产总值、销售收入、销售利润率、产品成本等；离散变量是指变量值之间都以整数断开，其变量值只能取整数，如人数、企业数、汽车和洗衣机产量等。

（2）变量按其影响因素不同，可分为确定性变量和随机性变量。确定性变量是指变量值的变动只受确定性因素的影响，其数值是确定的，可由其他因素准确推算的变量，如销售额、利润、劳动生产率等。随机性变量是指受偶然性因素影响，但其偶然性又表现出必然性，其变量值会围绕某一稳定值上下波动的变量。如随着人们收入的增加，居民的储蓄存款会增加，但它要受消费信心、物价变动等多种因素影响，储蓄存款数值会有一个变动范围。

1.4.3 指标与指标体系

1. 指标

1）指标的含义

指标是统计指标的简称，又称为综合指标。它反映总体现象数量特征的概念和具体数值。指标的具体表现有六要素：时间、空间、指标名称、计量单位、计算方法和指标数值。例如，某市某年度国内生产总值为6 700亿元、某企业某月度实现销售收入8 100万元等，这两个指标所涵盖的指标要素有：

（1）时间：某年度、某月度。
（2）空间：某市、某企业。
（3）指标名称：国内生产总值、销售收入。
（4）计量单位：亿元、万元。
（5）计算方法：汇总。
（6）指标数值：6 700、8 100。

指标还有一种理解，是在统计理论和统计设计上所使用的统计指标的含义，它只是反映总体数量特征的概念，如国内生产总值、人口数、商品销售额等。按这种理解，指标的构成只有三个要素：指标名称、计量单位和计算方法。

以上对指标的两种理解都是合理的，只是适用于不同的场合。

2）指标的种类

（1）指标按其内容不同，又分为数量指标和质量指标两种。数量指标是表明现象总体规模、总体水平或工作总量的指标，是说明总体的外延规模，通常用绝对数表示，如企业职工人数、固定资产总额、企业增加值、企业销售收入、上缴税金等；质量指标是反映总体内部相对水平或工作质量的指标，反映总体的内涵，一般用相对数和平均数表示，如企业职工人均收入、劳动生产率、产品的合格率、资金利税率等。

（2）指标按其表现形式不同，分为总量指标、相对指标和平均指标三种。总量指标属于数量指标，表现为绝对数；相对指标和平均指标属于质量指标，分别表现为相对数和平均数。其具体内容将在第四章综合指标分析中介绍。

3）标志和指标的关系

标志和指标是两个既有区别又有联系的概念。两者的主要区别是：

①标志是说明总体单位特征的，而指标是说明总体数量特征的。

②标志有不能用数值表示的品质标志和只能用数值表示的数量标志，而指标在一般情况下必须用数值来表示。

标志与指标的主要联系是：

①标志表现的是计算指标数值的基础，其中有许多指标的数值是从总体单位的数量标志值汇总得到的，如全国工业企业的从业人数是由全国各工业企业的从业人数汇总得到的，全国工业企业总产值是所属每个工业企业的总产值的总和等。

②指标和数量标志之间存在着变换关系。当研究目的改变，原来的总体变为总体单位时，则相应的指标就变为数量标志值；反之亦然。

2. 指标体系

1）指标体系的含义

指标体系是指具有内在联系的一系列指标所构成的整体。在统计研究中，一个指标往往只能反映总体某一方面的数量特征。为了全面系统地认识一个复杂现象总体，就必须采用统计指标体系来反映。例如，工业企业的经营活动实际上是人力、物资、资金、生产、供应、销售等相互联系的整体活动，为了反映企业生产经营全貌，就应通过由产量、产值、品种、产品质量、职工人数、劳动生产率、工资总额、原材料、设备、占用的资金、成本、利润等一系列指标构成的指标体系来反映。

2）指标体系的种类

统计指标体系按其反映对象不同，分为基本统计指标体系和专题统计指标体系两类。基本统计指标体系是反映国民经济和社会发展及其各个组成部分的基本情况的统计指标体系。专题统计指标体系是针对某一个经济或社会问题而制定的统计指标体系，如经济效益统计指标体系，人民物质文化、社会水平统计指标体系等。

思考练习题

一、单项选择题

1. 统计有三种含义，其中（　　）是基础。
   A. 统计学　　　　B. 统计工作　　　　C. 统计方法　　　　D. 统计资料
2. （　　）是统计的根本准则，是统计的生命线。
   A. 真实性　　　　B. 及时性　　　　C. 总体性　　　　D. 连续性
3. 对某市高等学校科研所进行调查，统计总体是（　　）。
   A. 某市所有的高等学校　　　　B. 某一高等学校科研所
   C. 某一高等学校　　　　D. 某市所有高等学校科研所
4. 如果要了解某市国有工业企业的设备情况，则统计总体是（　　）。
   A. 该市全部国有工业企业　　　　B. 该市国有的每一工业企业

C. 该市集体所有制工业企业的某一台设备　D. 该市国有工业企业的全部设备

5. 一个统计总体(　　)。
   A. 只能有一个标志　　　　　　　　B. 只能有一个指标
   C. 可以有多个标志　　　　　　　　D. 可以有多个指标

6. 下列属于品质标志的是(　　)。
   A. 每个工人的工龄　　　　　　　　B. 每个工人的劳动生产率
   C. 每个工人的健康状况　　　　　　D. 每个工人的平均工资

7. 性别、年龄这样的概念可以用来(　　)。
   A. 表示个体的特征　　　　　　　　B. 作为指标来使用
   C. 表示总体的特征　　　　　　　　D. 作为变量来使用

8. 某地区全部商业企业为总体，每个商业企业为总体单位，则该地区全部商品销售额为(　　)。
   A. 数量标志　　B. 品质标志　　C. 数量指标　　D. 质量指标

9. 某班4个学生考试成绩分别为75分、80分、90分和98分，这4个数字是(　　)。
   A. 标志　　　　B. 变量　　　　C. 指标　　　　D. 变量值

10. 商业企业职工人数、商品销售额是(　　)。
    A. 连续变量　　　　　　　　　　　B. 离散变量
    C. 前者是连续变量，后者是离散变量　D. 前者是离散变量，后者是连续变量

二、多项选择题

1. 统计总体的特征是(　　)。
   A. 同质性　　　　　B. 社会性　　　　　C. 大量性
   D. 具体性　　　　　E. 差异性

2. 下列属于质量指标的有(　　)。
   A. 合格率　　　　　B. 劳动生产率　　　C. 利税额
   D. 人均收入　　　　E. 农产品产量

3. 离散变量的数值(　　)。
   A. 是连续不断的
   B. 是以整数断开的
   C. 相邻两值之间可取无限的值
   D. 要用测量或计算方法取得
   E. 只能用计数的方法取得

4. 下列标志中属于数量标志的有(　　)。
   A. 性别　　　　　　B. 工种　　　　　　C. 工资
   D. 民族　　　　　　E. 年龄

5. 假设某地区5家国有工业企业的工业总产值分别为2 500万元、2 200万元、4 000万元、3 300万元和6 500万元，则(　　)。
   A. 国有工业企业是企业的品质标志
   B. 每个工业企业的"工业总产值"是企业的数量标志
   C. 每个工业企业的"工业总产值"是统计指标

D. "工业总产值"是个变量

E. 2 500、2 200、4 000、3 300、6 500 这几个数是变量值

6. 下列变量中，属于连续变量的有（　　）。

　　A. 棉花产量　　　　　　B. 棉花播种面积　　　　C. 单位面积棉花产量

　　D. 植棉专业户数　　　　E. 农业科研所数

7. 下列变量中，属于离散变量的有（　　）。

　　A. 商业企业单位数　　　B. 商品总销售额　　　　C. 职工人数

　　D. 商品库存数　　　　　E. 商店经营商品品种数

8. 总体和总体单位之间的关系（　　）。

　　A. 是固定不变的

　　B. 不是固定不变的

　　C. 是不可以变换的

　　D. 总体单位有时可能成为总体

　　E. 总体单位不可能成为总体

9. 某年某商场销售总额是（　　）

　　A. 数量指标　　　　　　B. 质量指标　　　　　　C. 总量指标

　　D. 实物量指标　　　　　E. 价值量指标

10. 统计指标的构成要素应包括（　　）

　　A. 指标的名称　　　　　B. 指标的数值　　　　　C. 时间限制和空间限制

　　D. 指标体系　　　　　　E. 计量单位和计算方法

三、简答题

1. 如何理解统计的含义？
2. 统计学的研究对象是什么？
3. 你是如何理解总体和总体单位以及它们之间关系的？
4. 标志和指标有什么区别和联系？

实训项目

反映人民生活水平变化的八项指标

生活水平又称"生活程度"，是反映人民生活的社会条件量的范畴，指一定时期内，人民消费各种物质资料和精神产品以满足各种生活需要的程度。一般通用的生活水平指标有以下几个：

①人均实际收入水平。

②消费水平。

③人均年储蓄额。

④生活服务设施的方便程度。

⑤卫生与健康水平。

⑥文化教育水平。

⑦文化生活水平。

⑧闲暇状况。

2018年《国家统计年报》公布的2017年有关人民生活水平指标为：

2017年全年全国居民人均可支配收入为25 974元，比上年增长9.0%，扣除价格因素，实际增长7.3%。全国居民人均可支配收入中位数为22 408元，增长7.3%。按常住地分，城镇居民人均可支配收入为36 396元，比上年增长8.3%，扣除价格因素，实际增长6.5%。城镇居民人均可支配收入中位数为33 834元，增长7.2%。农村居民人均可支配收入为13 432元，比上年增长8.6%，扣除价格因素，实际增长7.3%。农村居民人均可支配收入中位数为11 969元，增长7.4%。按全国居民五等分收入分组：低收入组人均可支配收入为5 958元；中等偏下收入组人均可支配收入为13 843元；中等收入组人均可支配收入为22 495元；中等偏上收入组人均可支配收入为34 547元；高收入组人均可支配收入为64 934元。全国农民工人均月收入3 485元，比上年增长6.4%。

全国居民人均消费支出为18 322元，比上年增长7.1%，扣除价格因素，实际增长5.4%。按常住地分，城镇居民人均消费支出为24 445元，比上年增长5.9%，扣除价格因素，实际增长4.1%；农村居民人均消费支出为10 955元，比上年增长8.1%，扣除价格因素，实际增长6.8%。恩格尔系数为29.3%，比上年下降0.8%，其中城镇为28.6%，农村为31.2%。

人均实际收入指标是反映人民生活水平各指标中最重要的指标，仅从上述统计资料来看，我国城乡居民的生活水平2017年比2016年有了较大提高。但是，这一指标并不能全面衡量人民生活水平提高的程度，请针对其他七项指标查找权威统计资料，进行简单分析后，对我国城乡居民生活水平比2016年的提高程度进行较为全面的描述。

第二章

数据搜集

任务引入

在超级市场的货架上,你会发现一个有趣的现象,尿布和啤酒赫然摆在一起销售。但是这个奇怪的举措却使尿布和啤酒的销量双双增加了。这不是一个笑话,而是发生在美国沃尔玛超市的真实事件,并且一直被商家津津乐道。原来,美国的太太经常叮嘱她们的丈夫下班以后为孩子买尿布,而丈夫们在买完尿布之后又顺手带回了自己爱喝的啤酒,因此尿布和啤酒在一起购买的机会是最多的。

是什么让沃尔玛发现了尿布与啤酒之间的关系呢?正是通过深入的市场调查以及对沃尔玛超市一年多的原始交易数据进行详细分析,才发现了这对神奇的组合。

企业要在激烈的市场竞争中取得优势,首先必须了解市场。要了解市场,则需要广泛的市场调查,取得所需的数据等信息,并对这些信息进行科学的分析,以便作为生产和经营的依据;审计人员想通过查看某家公司的财务报表,确认这家公司是否是依据通行的会计准则做报表;财务金融分析人员想判断在未来的五年中,哪些行业中的哪些公司最具有成长性;经济学家想估计我国国内生产总值今年的增长速度;生产部门的经理按惯例要检查生产过程,以检验其生产的产品质量是否符合公司的标准……这些都必须从数据的搜集开始。

搜集统计数据的过程又称为统计调查,就是根据统计研究的目的要求,采用一定组织形式与科学方法,进行采集与研究问题有关的各类数据信息的工作过程。它是整个统计研究过程的起点,是统计分析的前提和基础。搜集统计数据过程中,要着重考虑的问题是:搜集哪些数据?从哪里能得到这些数据?如何获得这些数据?归结起来,就是调查内容、调查方式和调查方法的问题。

学习目标

(1) 掌握统计数据的来源途径,掌握原始数据的搜集方法。
(2) 掌握统计调查方案的设计方法和内容。
(3) 掌握调查问卷的设计方法。

2.1 统计数据的来源

统计研究过程中所需要的数据主要有两种：一种是从被调查者那里直接获得的资料，称为一手数据或者原始数据；另一种是从其他研究者那里取得的研究成果，称为加工数据或者二手数据。搜集二手数据的过程又称为桌面调查。

2.1.1 桌面调查

1. 桌面调查及特点

桌面调查是不进行一手资料的实地调研和采集，而是直接通过杂志、书籍、文档、互联网等搜索现有二手资料进行分析和研究的方法，通常也可以称之为案面研究，也有业内人士称之为"二手资料研究"方法。

一个统计研究活动，研究者不可能也没必要从被调查者那里获取所有的信息，合理应用别人的研究成果，对加工数据进行系统科学地搜集及再加工往往可以达到事半功倍的效果。

桌面调查可以为企业经营管理和决策提供许多重要的市场信息，在企业经营过程中起着非常重要的作用，历来被许多国家和企业重视。例如，日本在20世纪60年代就是通过桌面调查取得我国大庆油田的重要情报的。日本情报机构从1964年的《人民日报》上看到题为《大庆精神大庆人》的报道，从而判断出中国的大庆油田确有其事。以此为线索，日本情报机构开始全面搜集中国报纸、杂志上有关大庆的报道。在1966年的一期《中国画报》上，日本情报机构看到王进喜站在钻机旁的那张著名的照片，并根据照片上王进喜的服装衣着确定，只有在北纬46°~48°的区域内冬季才有可能穿这样的衣服，因此大庆油田可能在冬季为-30℃的齐齐哈尔与哈尔滨之间的东北部地区。经过对大量有关信息严格的定性与定量分析，日本情报机构终于得到了大庆油田位置的准确情报。为了弄清楚大庆炼油厂的加工能力，日本情报机构从1966年的一期《中国画报》上找到一张炼油厂反应塔照片，从反应塔上的扶手栏杆（一般为一米多）与塔的相对比例推知塔直径约5米，从而计算出大庆炼油厂年加工原油能力约为100万吨，而在1966年大庆已有820口井出油，年产360万吨，估计到1971年大庆炼油厂年产量可增至1 200万吨。通过对大庆油田位置、规模和加工能力的情报分析，日本决策机构推断："中国在近几年必然会感到炼油设备不足，买日本的轻油裂解设备是完全可能的，所要买的设备规模和数量要满足每天炼油1万吨。"掌握了这些准确情报之后，日本人迅速设计出适合大庆油田开采用的石油设备。不久之后，当中国政府向世界各国征求开采大庆油田的设计方案时，日本人一举中标，使其设备顺利打入中国市场。

相对于原始数据的搜集，桌面调查有如下特点：

（1）桌面调查所收集的是别人加工处理过的数据，而不是原始数据，如各种统计年鉴、行业分析报告等。

（2）桌面调查以收集文献性资料为主。

（3）桌面调查所收集的数据包括静态数据和动态数据，尤其偏重于从动态角度收集各种反映总体变化的历史数据。

2. 二手数据来源

桌面调查中，应根据研究的目的有针对性地搜集二手数据。常见的统计数据二手资料的

来源主要有:
(1) 统计部门和政府部门公布的有关资料,如各类统计年鉴。
(2) 各类经济信息中心、信息咨询机构、专业调查机构等提供的数据。
(3) 各类专业杂志、报纸、书籍所提供的资料。
(4) 各种会议,如博览会、展销会、交易会及专业性、学术性研讨会上交流的有关资料。
(5) 从互联网或图书馆查阅到的相关资料。

提供统计数据的部分政府网站如表2-1所示。

表2-1 提供统计数据的部分政府网站

中国政府及相关机构	网址	数据内容
国家统计局	http://www.stat.gov.cn	统计年鉴、统计月报等
国务院发展研究中心信息网	http://www.drcnet.com.cn	宏观经济、财经、货币金融
中国经济信息网	http://www.cei.gov.cn	经济信息及各类网站
华通数据中心	http://data.acmr.com.cn	国家统计局授权的数据中心
中国决策信息网	http://www.juece.gov.cn	决策知识及案例
三农数据网	http://www.sannong.gov.cn	三农信息、论坛及相关网站

桌面调查的方法有很多,实际应用中,应首先弄清楚要搜集哪方面的资料,然后针对这些资料的特点运用最合理的手段去搜集所需信息。

桌面调查中,务必注意文案资料的储存、积累和管理。储存管理的方式主要有档案式管理和信息化管理两种。档案式管理是指通过建立档案来管理信息资料。这种方式的缺点是工作量大、反应速度慢、效率低下等。信息化管理又称计算机化管理,是指借助于现代化信息技术来管理信息资料。这种方式非常方便于文案资料的储存、查找、归类、排序、分析等再加工的需要,不仅可以大大节省存储的时间和空间,而且可以大幅度提高工作效率和精准度。

桌面调查可以为企业经营决策提供必要的文案信息,企业决策者一定要具备科学的决策理念,建立完善的管理制度,加强次级资料的搜集和管理工作。

2.1.2 原始数据的搜集

1. 统计调查方式

原始数据的搜集是指调查者运用统计调查方式直接从被调查者那里取得第一手资料。常用的统计调查方式有抽样调查、普查、统计报表、偶遇抽样和判断抽样等。

1) 抽样调查

抽样调查是根据随机的原则从总体中抽取部分实际数据进行调查,并运用概率估计方法,根据样本数据推算总体相应的数量指标的一种统计数据搜集方法。

抽样调查是运用最广泛的一种调查方式,是目前我国统计体制中搜集资料最重要的方式,也是市场调查中常用的调查方式。从效果上看,抽样调查具有省时省力、反应及时、适应面广、准确性高等优点。从方法的角度看,抽样调查有如下特点:

(1) 调查样本是按随机的原则抽取的, 在总体中每一个单位被抽取的机会是均等的, 因此, 能够保证被抽中的单位在总体中的均匀分布, 不致出现倾向性误差, 代表性强。

(2) 是以抽取的全部样本单位作为一个"代表团", 用整个"代表团"来代表总体, 而不是用随意挑选的个别单位代表总体。

(3) 所抽选的调查样本数量是根据调查误差的要求, 经过科学的计算确定的, 在调查样本的数量上有可靠的保证。

(4) 抽样调查的误差在调查前就可以根据调查样本数量和总体中各单位之间的差异程度进行计算, 并控制在允许范围以内, 调查结果的准确度较高。

基于以上特点, 抽样调查被公认为是非全面调查方法中用来推算和代表总体的最完善、最有科学根据的调查方法。

2) 普查

普查就是为特定目的而专门组织的一次性全面调查。通常是一个国家或者一个地区为详细调查某项重要的国情、国力, 专门组织的一次性大规模的全面调查。其主要用来调查不能够或不适宜用定期全面的调查报表来收集的资料。例如, 人口普查就是对全国人口一一进行调查登记, 规定某个特定时点（某年某月某日某时）作为全国统一的统计时点, 以反映有关人口的自然和社会的各类特征。

普查作为一种特殊的数据搜集方式, 具有以下几个特点：

(1) 普查通常是一次性的或周期性的。由于普查涉及面广、调查单位多, 需要耗费大量的人力、物力和财力, 通常需要间隔较长的时间, 一般每隔10年进行一次。如我国的人口普查从1953年至2000年共进行了五次。今后, 我国的普查将规范化、制度化, 即每逢末尾数字为"0"的年份进行人口普查; 每逢"3"的年份进行第三产业普查; 每逢"5"的年份进行工业普查; 每逢"7"的年份进行农业普查; 每逢"1"或"6"的年份进行统计基本单位普查。

(2) 规定统一的标准时点。标准时点是指对被调查对象登记时所依据的统一时点。调查资料必须反映调查对象的这一时点上的状况, 以避免调查时因情况变动而产生重复登记或遗漏现象。例如, 我国第五次人口普查的标准时点为2000年11月1日0时, 就是要反映这一时点上我国人口的实际状况; 农业普查的标准时点定为普查年份的1月1日0时。

(3) 规定统一的普查期限。在普查范围内各调查单位或调查点尽可能同时进行登记, 并在最短的期限内完成, 以便在方法和步调上保持一致, 保证资料的准确性和时效性。

(4) 规定普查的项目和指标。普查时必须按照统一规定的项目和指标进行登记, 不准任意改变或增减, 以免影响汇总和综合, 降低资料质量。同一种普查, 每次调查的项目和指标应力求一致, 以便进行历次调查资料的对比分析和观察社会经济现象发展变化情况。

(5) 普查的数据一般比较准确, 规范化程度也较高, 因此它可以为抽样调查或其他调查提供基本依据。

(6) 普查的使用范围比较窄, 只能调查一些最基本及特定的现象。

普查既是一项技术性很强的专业工作, 又是一项广泛性的群众工作。我国历次人口普查都认真贯彻群众路线, 做好宣传和教育工作, 得到群众的理解和配合, 因而取得令世人瞩目的成果。

普查的组织方式一般有两种：

(1)建立专门的普查机构,配备大量的普查人员,对调查单位进行直接登记,如人口普查等。例如,1953年第一次全国人口普查、1995年私营商业及饮食业普查、1964年第二次全国科技售货员普查、1977年全民所有制单位实际用工人数普查、1978年全国科技人员普查、1982年第三次全国人口普查、1990年第四次全国人口普查、2000年第五次全国人口普查等。

(2)利用调查单位的原始记录和核算资料,颁发调查表,由登记单位填报,如物资库存普查等。这种方式比第一种简便,适用于内容比较单一、涉及范围较小的情况,特别是为了满足某种紧迫需要而进行的"快速普查",就可以采用这种方式,它由登记单位将填报的表格越过中间一些环节直接报送到最高一级机构集中汇总。例如,1954年黑色金属、有色金属和木材库存普查,1954年以后所进行的多次物资库存普查,1985年第二次全国工业普查等。

3)统计报表

统计报表是指按照国家有关法律法规的规定,以统一规定的表格形式,统一的报送程序和报送时间,自下而上提供基本统计数据的一种调查方式。

统计报表是一种以单项调查为主的调查方式。统一性是其基本特点,具体表现为:

(1)统计报表的内容和报送时间是由国家强制规定的,以保证调查资料的统一性。

(2)统计报表的指标含义、计算方法、口径是全国统一的。

统计报表具有以下三个显著的优点:

(1)来源可靠。它是根据国民经济和社会发展宏观管理的需要而周密设计的统计信息系统,从基层单位日常业务的原始记录和台账(即原始记录分门别类的系统积累和总结)到包含一系列登记项目和指标,都可以力求规范和完善,使调查资料具有可靠的基础,保证资料的统一性,便于在全国范围内汇总、综合。

(2)回收率高。它是依靠行政手段执行的报表制度,要求严格按照规定的时间和程序上报,因此具有100%的回收率;而且填报的项目和指标具有相对的稳定性,可以完整地积累形成时间序列资料,便于进行历史对比和社会经济发展变化规律的系统分析。

(3)方式灵活。它既可以越级汇总,也可以层层上报、逐级汇总,以便满足各级管理部门对主管系统和区域统计资料的需要。统计报表可以按照不同的标准进行分类,具体可以分为:

按调查范围,统计报表可分为全面统计报表和非全面统计报表。全面统计报表要求调查对象中的每一个单位都要填报;非全面统计报表只要求调查对象的一部分单位填报。

按填报单位不同,分为基层统计报表和综合统计报表。基层统计报表是由基层企、事业单位填报的报表;综合统计报表是由主管部门或部门根据基层报表逐级汇总填报的报表。综合统计报表主要用于搜集全面的基本情况。此外,也常为重点调查等非全面调查所采用。

按报送周期长短不同,分为日报、周报、旬报、月报、季报、半年报和年报。周期短的,要求资料上报迅速,填报的项目比较少;周期长的,内容要求全面一些;年报具有年末总结的性质,反映当年中央政府的方针、政策和计划贯彻执行情况,内容要求更全面和详尽。

日报和旬报称为进度报表,主要用来反映生产、工作的进展情况;月报、季报和半年报主要用来掌握国民经济发展的基本情况,检查各月、季、年的生产、工作情况;年报是每年上报一次，主要用来全面总结全年经济活动的成果，检查年度国民经济计划的执行情况等。

4）偶遇抽样

偶遇抽样又称为便利抽样，是指研究者根据实际情况，为方便开展工作，选择偶然遇到的人作为调查对象，或者仅仅选择那些离得最近的、最容易找到的人作为调查对象。例如，在广场选择对来往行人进行调查。

偶遇抽样的基本理论依据是：认为被调查总体的每个单位都是相同的，因此把谁选为样本进行调查，其调查结果都是一样的。而事实上，并非所有调查总体中的每一个单位都是一样的。只有在调查总体中各个单位大致相同的情况下，才适宜应用偶遇抽样法。"街头拦人法"和"空间抽样法"是偶遇抽样的两种最常见的方法。

"街头拦人法"是在街上或路口任意找某个行人，将其作为被调查者，进行调查。例如，在街头向行人询问对市场物价的看法，或请行人填写某种问卷等。

"空间抽样法"是对某一聚集的人群，从空间的不同方向和方位对他们进行抽样调查。例如，在商场内向顾客询问对商场服务质量的意见，在劳务市场调查外来劳工打工情况等。

偶遇抽样技术简便易行，可以及时取得所需的资料，节约时间和费用。这种方法适用于探测性调查或调查前的准备工作。一般在调查总体中每一个体都是同质时，才能采用此类方法。但是，实践中并非所有总体中每一个体都是相同的，所以抽样结果偏差较大，可信程度较低，它的样本没有足够的代表性。

5）判断抽样

判断抽样又称为立意抽样，是指根据调查人员的主观经验从总体样本中选择那些被判断为最能代表总体的单位作为样本的抽样方法。当调查人员对自己的研究领域十分熟悉，对调查总体比较了解时可采用这种抽样方法，可获得代表性较高的样本。这种抽样方法多应用于总体小而内部差异大的情况，以及在总体边界无法确定或研究者的时间与人力、物力有限时采用。例如，要对福建省旅游市场状况进行调查，有关部门选择厦门、武夷山、泰宁金湖等旅游风景区作为样本调查，这就是判断抽样。

判断抽样具有简便易行、符合调查目的和特殊需要、可以充分利用调查样本的已知资料、被调查者配合较好、资料回收率高等优点，适用于总体的构成单位极不相同而样本数很小，同时设计调查者对总体的有关特征具有相当的了解（明白研究的具体指向）的情况，适合特殊类型的研究（如产品口味测试等）；操作成本低，方便快捷，在商业性调研中较多采用。但是，判断抽样结果受研究人员的倾向性影响大，一旦主观判断偏差，容易引起抽样偏差；不能直接对调查总体进行推断。

基于这种情况，要充分发挥判断抽样法的积极作用，对总体的基本特征必须相当清楚，做到心中有数。这样，才可能使所选定的样本具有代表性、典型性，从而透过对所选样本的调查研究了解、掌握总体的情况。

2. 统计调查方法

统计调查方法是指从被调查者那里取得统计数据的具体方法。常用的统计调查方法有访问调查法、观察法和实验法。

1）访问调查法

访问调查法简称访问法或询问法，是指调查者以访谈询问的形式，或通过电话、邮寄、留置问卷、小组座谈、个别访问等询问形式向被调查者搜集市场调查资料的一种方法。基本原理是以问和听的形式获取信息，挖掘信息。访问调查法是统计调查资料搜集最基本最常用的调查方法。

（1）面谈调查法。面谈调查法是由调查机构派出访问人员，直接与被调查者面对面交谈以获取信息的一种调查方法。调查者根据调查提纲直接访问被调查者，当面询问有关问题，既可以是个别面谈，主要通过口头询问；也可以是群体面谈，可通过座谈会等形式。面谈访问按照访问的对象不同，分为家庭访问和个人访问；按访问是否采用标准化问卷，分为标准式访谈和自由交谈，而标准式访谈按照问卷填写的形式，分为调查员填写问卷调查法和留置问卷调查法；按照访问的地点和形式不同，分为入户（或单位）访问、拦截访问和计算机辅助访问。

总体来说，面谈调查法是统计调查活动中最通用和最灵活的一种调查方法，拒答率较低、调查资料质量高、适用范围广，但是调研费用高，对调查人员要求高，匿名性差，访问周期长。

（2）电话访问法。电话访问法是调查者通过查找电话号码簿用电话向被调查者进行访问，以搜集统计调查资料的一种方法。电话访问分为传统电话访问和计算机辅助电话访问两种形式。

①传统电话访问。传统电话访问就是选取一个被调查者的样本，然后拨通电话，询问一系列的问题。

电话访问的主要优点是：搜集资料速度快，费用低，可节省大量调查时间和调查经费；搜集市场调查资料覆盖面广，可以免去被调查者的心理压力，易被人接受。特别是对于那些难以见面的某些名人，采用电话询问尤为重要。但是，电话访问拒答率高，只限于有电话的地区、单位和个人，真实性较难判断，调查内容也较简单。

电话访问法主要应用于民意测验和一些较为简单的统计调查项目。

②计算机辅助电话访问。在发达国家，特别是在美国，集中在某一中心地点进行计算机辅助电话访问比传统的电话访问更为普遍。计算机辅助电话访问具有速度快、效率高、自动控制、方便灵活等特点，目前在国内有少数调查公司采用。需在一个中心地点安装计算机辅助电话访问设备，其软件系统包括四个部分：自动随机拨号系统、问卷设计系统、自动访问管理系统、自动数据录入和简单统计系统。

计算机辅助电话访问是使用一份按计算机设计方法设计的问卷，用电话向被调查者进行访问。计算机问卷可以利用大型机、微型机或个人用计算机来设计生成，调查员坐在 CRT 终端（与总控计算机相连的带屏幕和键盘的终端设备）对面，头戴小型耳机式电话。CRT 代替了问卷、答案纸和铅笔。通过计算机拨打所要的号码，电话接通之后，调查员就读出 CRT 屏幕上显示出的问答题并直接将被调查者的回答（用号码表示）用键盘记入计算机的记忆库中。其优点在于数据的收集过程是自然的、平稳的，而且访问时间大大缩减，数据质量得到加强，数据的编码和录入等过程也不再需要。由于回答是直接输入计算机的，关于数据收集和结果的阶段性的和最新的报告几乎可以立刻得到。

（3）邮寄访问法。邮寄访问法是指调查者将印制好的调查问卷或调查表格，通过邮政系统寄给选定的被调查者，由被调查者按要求填写后，按约定的时间寄回的一种调查方法。有时，也可在报纸上或杂志上利用广告版面将调查问卷登出，让读者填好后寄回。调查者通过对调查问卷或调查表格的审核和整理，即可得到有关数据和资料。

邮寄访问法主要应用于时效性要求不高、受访者的名单、地址、邮编比较清楚，调查费用比较紧张的调查项目。如果企业有多次邮寄访问调查的先例，积累了邮访对象的样本群体，并建立了良好的合作关系，那么邮寄访问能够取得优良的效果。

2) 观察法

观察法是指调查者到现场凭自己的观察或借助摄录像器材，直接或间接观察和记录正在发生的行为或状况，以获取有关信息的一种实地调查法。这种方法的特点是不与被调查者发生直接接触，而是在被调查者不知的情形下从侧面记录被调查者的实际活动，从而提高调查结果的真实性和可靠性。例如在现代市场调查中，观察法常用于对消费者购买行为的调查。主要有以下一些观察内容：

(1) 观察顾客的行为。了解顾客行为，可促使企业有针对性地采取恰当的促销方式。所以，调查者要经常观察或者摄录顾客在商场、销售大厅内的活动情况。例如，顾客在购买商品之前，主要观察什么，是商品价格、商品质量还是商品款式等；顾客对商场的服务态度有何议论等。

(2) 观察顾客流量。观察顾客流量对商场改善经营、提高服务质量有很大好处。例如，观察一天内各个时间进出商店的顾客数量，可以合理地安排营业员工作的时间，更好地为顾客服务；又如，为新商店选择地址或研究市区商业网点的布局，也需要对客流量进行观察。

(3) 观察产品使用现场。调查人员到产品用户使用地观察调查，了解产品质量、性能及用户反映等情况，实地了解使用产品的条件和技术要求，从中发现产品更新换代的前景和趋势。

(4) 观察商店柜台及橱窗布置。为了提高服务质量，调查人员要观察商店内柜台布局是否合理，顾客选购、付款是否方便，柜台商品是否丰富，顾客到台率与成交率以及营业员的服务态度如何等。

知识链接 2-1

帕科·昂得希尔是著名的商业密探，他所在的公司叫恩维罗塞尔市场调查公司。他通常的做法是坐在商店的对面，悄悄观察来往的行人。而此时，在商店里他的下属正在努力工作，跟踪在商品架前徘徊的顾客。他们的目的是找出商店生意不好的原因，了解顾客走进商店以后如何行动以及为什么许多顾客在对商品进行长时间挑选后还是失望地离开。他们为许多商店提出了实际的改进措施。例如，一家主要是青少年光顾的音像商店，通过调查发现这家商店把磁带放置得过高，孩子们往往拿不到，昂得希尔指出应把商品降低放置，结果销售量大大增加。再如，一家叫伍尔沃思的公司发现商店后半部分的销售额远远低于其他部分，昂得希尔通过观察拍摄现场解开了这个谜：在销售高峰期，现金出纳机前顾客排着长长的队伍，一直延伸到商店的另一端，妨碍了顾客从商店的前面走到后面，针对这一情况，商店专门安排了结账区，结果使商店后半部分的销售额迅速增长。

(资料来源：龚曙明.市场调查与预测[M].北京：清华大学出版社，2005.)

观察法有直接观察法和间接观察法两种基本类型。

(1) 直接观察法。直接观察就是调查人员置身于被调查者之中，直接到商店、家庭、街道等处进行实地观察。一般是只看不问，不使被调查者感觉到在接受调查。这样的调查比较自然，容易得到真实情况。直接观察法的主要观察方式有：

①环境观察法。如伪装购物法和神秘顾客法。

伪装购物法是让接受过专门训练的调查人员伪装成普通消费者进入特定的调查环境（商场、超市）进行直接观察，通过观察购物环境以及倾听顾客对购物环境的评价言论，了解服务质量；或者观察消费者的购买行为，了解同类产品的市场情况。伪装购物法是一种有效的直接观察法，常用于竞争对手调查、消费者调查、产品市场研究等方面。

神秘顾客法是让受过训练的调查人员伪装成神秘顾客，进入调查的市场环境，可以购买商品也可不买商品，可以制造些突发事件（如退货、刁难售货员等）。通过这些"神秘顾客"的消费行为了解并记录他们购物或接受服务时发生的一切情况。这种方法主要用于实施监督控制及贯彻服务标准等方面。

②非参与性观察。其又称局外观察，是指调查者以局外人的身份深入调查现场，从侧面观察、记录所发生的市场行为或状况，以获取所需的信息。

（2）间接观察法。间接观察法是指对调查者采用各种间接观察的手段（痕迹观察、仪器观察等）进行观察，运用电子仪器或机械工具进行记录和测量，用以获取有关的信息。

观察法的运用是观察人员的主观活动过程。为使观察结果符合客观实际，要求观察人员必须遵循以下原则：

①客观性原则，即观察者必须持客观的态度对市场现象进行记录，切不可按其主观倾向或个人好恶，歪曲事实或编造情况。

②全面性原则，即必须从不同层次、不同角度进行全面观察，避免出现对市场片面或错误的认识。

③持久性原则。市场现象极为复杂，且随着时间、地点、条件的变化而不断地变化。市场现象的规律性必须在较长时间的观察中才能被发现。

另外，还要注意遵守社会公德，不得侵害公民的各种权利，不得强迫被调查者做不愿做的事，不得违背其意愿观察被调查者的某些市场活动，并且还应为其保密。

观察法的一般程序，第一是选择那些符合调查目的并便于观察的单位作为观察对象；第二是根据观察对象的具体情况，确定最佳的观察时间和地点；第三是正确和灵活地安排观察顺序；第四是尽可能减少观察活动对被观察者的干扰；第五是要认真做好观察记录。

观察法是在被调查者不知情的情况下进行的调查方法，其优点主要在于真实直观、简便快捷；缺点在于时间长、成本高，且只能观察表象资料，不能观察内在原因。应注意挑选有经验的人员充当观察员，并进行必要的培训。

（3）实验法。实验法是指市场调研者有目的、有意识地改变一个或几个影响因素，来观察市场现象在这些因素影响下的变动情况，以认识市场现象的本质特征和发展规律。即从影响调查问题的许多可变因素中选出一个或两个因素，将它们置于同一条件下进行小规模实验，然后对实验观察的数据进行处理和分析，确定研究结果是否值得大规模推广。它是研究特定问题的各因素之间的因果关系的一种有效手段。

实验法既是一种实践过程，又是一种认识过程，并将实践与认识统一为调查研究过程。应用实验法的一般步骤是：根据市场调查的课题提出研究假设；进行实验设计，确定实验方法；选择实验对象，进行实验；分析整理实验资料并做实验检测；得出实验结论。

需要注意的是，在采用实验法的过程中，由于实验中受控制的自变量不可能包括所有影响因变量的因素，所以其结果会存在一定的调查误差，这是不可避免的。

2.2 调查设计

2.2.1 调查方案设计

调查方案设计是对统计调查过程的总体规划，是对统计调查活动的各个环节的设计。一个完整的调查方案应包括以下内容：

1. 明确调查目的和调查任务

明确调查的目的和任务是制定调查方案的首要问题。对任何社会经济现象的研究，都可以根据不同的目的、不同的任务从不同的角度去搜集资料。如消费者调查中，可以从消费需求的角度进行调查，也可以从消费行为或消费心理等角度进行调查，这就需要明确本次调查的目的是什么。调查的目的和任务不同，调查的内容和范围也就不同。例如我国进行了五次人口普查，每次的调查目的都不一样。因此，调查项目数也不相同（第一次只设了 4 个项目，第三次设了 13 个项目，到了第五次，就增加到 49 个项目。）

2. 确定调查对象和调查单位

调查对象是根据统计调查目的选定的信息源范围，是依据调查的任务和目的，确定本次调查的范围及需要调查的社会现象的总体，由某些具有相似性或共同点的调查单位组成。确定调查对象，就是确定向谁调查的问题。

调查单位是在调查过程中，获取信息的每一个个体，也就是调查对象中所要调查的具体单位，具体的信息提供者。调查单位主要有两类：一类是客观存在的实体；另一类是已经发生的事件、行为等。

在不同调查目的、不同的调查精度要求下，调查对象和调查单位是不一样的。在确定调查对象和调查单位时，要注意以下问题：

（1）严格界定调查对象的含义，并明确与其他有关现象的区别，以免调查实施时，因界定不清而发生差错。

例如，调查大学生的月消费支出，首先要明确"大学生"的概念，是指专科生、本科生，还是研究生、博士生；包不包括在职学生、成教类学生等。只有严格界定了调查对象的内涵，在调查过程中才不会出现总体偏差。

（2）调查单位的确定取决于调查目的和对象，不同的调查方式会产生不同的调查单位。如果采取普查的方式，则样本总体中所有单位都是调查单位；如果采用抽样调查的方式，则是在样本总体中，按照一定的抽样原则，抽取部分单位作为调查单位。

3. 确定调查内容

调查内容就是指调查涉及的具体信息项目。确定调查内容，就是要明确调查人员需要得到哪些信息，要根据调查的目的和目标以及调查对象的特点来进行设计。同时，要注意以下几点：

（1）调查内容应该是调查任务所必需的，同时是能够获取到的。首先，调查内容应该是本次调查所必需的信息项目，不要出现遗漏。例如，调查家庭消费情况的过程中，若设计的调查内容只包括家庭收入情况，却不调查家庭人数等信息，则最后得出的调研数据的可参考性就会大打折扣。同时，过多的调查内容会延长调查开展的时间，社会学家的数据理论和实际调查人员的经验表明，调查时间拖得越长，被调查者对于调查的配合度就越差，所以和此次调查关系不大或者完全无关的信息不必出现在调查内容中。其次要注意，调查的内容应该是能够获取的，应该多设计能量化、易接受的调查内容。

（2）调查项目的表述应该清楚准确。项目表述的模糊，会使被调查者产生理解差异，从而给出不同的答案，影响信息数据的准确性。

（3）注意调查内容之间的相关性。调查内容的相关性是指在调查内容设计过程中，应注意前后的关联性。这样做能够使取得的资料进行相互对比分析，既可以初步验证资料的准确性，也可以了解现象发生变化的原因、条件和后果。

4. 确定调查的方式和方法

在调查方案中，还要规定采用什么组织方式和方法取得调查资料。常见的调查方式有探索性调查、描述性调查、因果性调查等；搜集调查资料的方式有普查、抽样调查两大类，而抽样调查又分为随机抽样调查和非随机抽样调查（如重点调查、典型调查）。具体调查方法有文案法、访问法、观察法和实验法等。各种调查方法的适用范围和效果是不一样的，在调查时，采用何种方式、方法不是固定和统一的，而是取决于调查对象和调查任务。具体操作时应该注意：

（1）探索性调查是整个调查研究框架的最初步骤，但并不是每一次调查都需要以探索性调查开始。

（2）普查的效果最好，但是费用和时效性相对较差，并且不是所有的调查都适用，所以要结合调查的要求和费用来选择合适的调查方式。

（3）重点调查、典型调查等非随机抽样调查，在一些以调查主要影响、主要因素为目的的调查过程中，比随机抽样调查更加适用。

（4）随机抽样调查也有多种方式，如简单随机抽样、分层随机抽样、分群随机抽样等。在随机抽样调查过程中，要结合调查对象的特点来选择具体的随机抽样方式，以达到更好的效果。

5. 确定调查人员、调查时间和调查期限

调查人员、调查时间和调查期限是统计调查实施过程控制的关键环节。确定调查人员，主要是确定参加调查人员的条件和数量，包括对调查人员的必要培训。由于调查对象来自各种各样的群体或个体，文化层次和理解能力差异较大，因此要求调查人员具备一定的沟通能力和丰富的专业知识，能够正确理解调查提纲、表格和问卷内容，能比较准确地记载调查对象反映出来的实际情况和内容。

确定调查时间和调查期限主要是确定调查开始的时间、在什么时候进行什么环节、需要多长时间完成、什么时间结束。如果所要调查的是时期现象，就要明确规定资料所反映的是调查对象从何时起到何时止的资料；如果所要调查的是时点现象，就要明确规定统一的标准调查时点。不同的调查内容和不同的调查方法，在调查时间的选择上存在区别。例如，针对年轻人的入户调查，最好的时间是晚上和周末；而针对老年人的入户调查，可在白天进行；若采用观察法进行调查，则为了保证样本更加具备代表性，应选择不同的时间段。另外，不同的调查方法，其自身所需的时间长短也不一样，如邮寄访问本身周期较长，在设计时限上应该更加充裕；而电话调查所需时间较少，在制定时就可以更注意时效性。因此在确定时限时，要充分考虑调查方式、调查对象的自身特点来设置时间。为提高调研的时效性，在可能的情况下，尽量缩短调查时限。通常情况下，一个中等规模的调查课题的研究工作需要花费 30~60 个工作日，一些大规模的社会性调查可能会持续半年左右的时间。根据暨南大学李小勤教授的研究成果，一般一个调查项目所需的时间安排比例大致如表 2-2 所示。

表 2-2 调查项目所需的时间安排比例

调查环节	所占整体时间的比例
（1）计划起草，磋商阶段	4%~5%
（2）抽样方案设计实施	10%~15%
（3）调查问卷设计，预调查	
（4）调查问卷修正、印刷	
（5）调查人员的挑选与培训	30%~40%
（6）实地调查	
（7）数据录入分析	30%~40%
（8）撰写调查报告	
（9）与客户的说明会	5%~10%
（10）建议与修正、定稿	

6. 确定调查资料整理和分析的方式

采用实地调查方法搜集的原始资料大多是零散的、不系统的，只能反映事物的表象，无法深入研究事物的本质和规律性，这就要求对大量原始资料进行加工汇总，使之系统化、条理化。目前这种资料处理工作一般由计算机进行，这在设计中也应予以考虑，包括采用何种操作程序以保证必要的运算速度、计算精度及特殊目的。随着经济理论的发展和计算机的运用，越来越多的现代统计分析手段可供我们在分析时选择，如回归分析、相关分析、聚类分析等。每种分析技术都有其自身的特点和适用性，因此，应根据调查的要求，选择最佳的分析方法并在方案中加以规定。主要确定的内容包括初级资料真实性检验、样本有效性的验证办法、资料分析的方法等。

1) 初级资料真实性检验

初级资料真实性检验就是要检查调查资料的真实性和准确程度。真实性检验可以根据以往的实践经验对调查资料进行判断，也可以根据调查资料的内在逻辑性进行判断。同时要检验收集的资料是否齐全，有无重复或遗漏，并对记录的一致性和口径的统一性进行检查验证。

2) 样本有效性的验证办法

作为委托方，企业往往会质疑样本的真实性，如何向企业证明样本真实可靠，可以利用随机抽样来估计样本本身的统计误差，或者通过比较样本和普查资料的一致性来进行。

3) 资料分析的办法

要使委托方对我们提交的调查结果和调查报告感到信任，除了验证样本的有效性外，还要告诉所采用的资料分析办法。常见的资料分析办法主要包括统计分析和理论分析。统计分析主要包括两方面的内容。

（1）描述统计，主要依据样本资料计算样本的统计值，找出这些数据的分布特征，计算出一些有代表性的统计数字，它是描述调查观察的结果，常见的数据指标包括频数、集中趋势、离散程度、相关分析和回归分析等。

（2）推论统计，是在描述统计的基础上，利用数据所传递的信息，通过样本去对总体特征加以推断，即以统计值去推论总体的参数值，主要包括区间估计、假设检验等内容；理论分析是在对资料整理汇总统计分析的基础上进行理论加工，从直接的数据资料抽象为具体方法和具体理论，分析方法主要有归纳法、演绎法、类推法、公理法和系统法等。

7. 确定提交调查结果的方式

调查报告是调查项目的重要部分，它是我们提交给委托方的最终产品，提交调查报告的方式主要包括报告书的形式和份数、报告书的基本内容、报告书中图表量的大小等。这些都需要在方案设计的过程中加以确定。

8. 确定调查的经费预算

调查的费用是委托方最关心的问题，特别是在有多家调研公司共同竞争一个项目时，一个合理而清晰的报价能够获得企业的青睐。同时从调查的经济性方面考虑，确定调查的经费预算也是调查效果的一个重要衡量指标。调查的开支费用会因调查方式、样本大小、调查内容等不同而不同。在编制预算时，应该制订详细的细分工作项目费用计划。通常在调查前期，计划准备的费用安排应占到总预算的20%，具体实施阶段的费用安排可以在40%~50%，而最后分析阶段的费用大概占据总费用的40%，因此，我们必须全面考虑各个方面的费用计划，并且保证适当的利润和弹性。

2.2.2 调查问卷设计

调查问卷又称调查表或询问表，它是调查者根据一定的调查目标而精心设计的调查表格，以问题的形式向被访者了解情况或征询意见，从而记录被访问者的回答和意见，通过对问题答案的回收、整理、分析，获取有关信息。问卷调查的效果取决于调查问卷的设计水平，设计出一份合格的问卷是提高调查结果有效性的重要前提。

1. 问卷的结构

调查问卷一般由标题、说明、调查主体、编码、被访者项目、调查者项目和结束语七个部分组成。

1）标题

标题是对此次研究主题调查的一个概括说明，使被调查者对所要回答哪方面的问题有一个大致的了解。问卷的标题不要简单采用"问卷调查"这样的标题，标题应简明扼要，并能引起被调查者的兴趣。例如，"大学生消费状况调查""中国互联网发展状况及趋势调查"等。

2）说明

在调查问卷的开头应有一个说明，对调查项目的目的、意义及有关事项进行解释或请予以配合。其主要作用是引起被调查者的重视和兴趣，争取他们的积极支持和配合。具体内容可以包括：调查人自我介绍，包括对调查人员所代表的研究机构或调查公司的介绍及本人的职务和姓名；说明本项调查的目的、意义；说明酬谢方式等。并且，文字应该简洁、准确，语气要谦虚、诚恳、平易近人。说明后要署名调查研究单位，这本身也是尊重群众、相信群众的表现，不可小视（见表2-3）。

表 2-3　调查问卷说明的模板举例

> ××市手机市场需求状况调查问卷
>
> ××女士/先生：
> 　　您好！
> 　　我是××××（单位名称）的市场调查员，目前我们正在进行一项有关××市手机市场需求状况的问卷调查，希望从您这里得到有关消费者对手机需求方面的市场信息，恳请您协助我们做好这次调查。该调查问卷不记名，回答无对错之分，务必请您照实回答，我们准备了小礼品以表达您对我们工作的支持。下面我们列出一些问题，请在符合您情况的项目旁"□"内打"√"。
> 　　谢谢！
> 　　　　　　　　　　　　　　　　　　　　　　　　　　××××（单位名称）
> 　　　　　　　　　　　　　　　　　　　　　　　　　　××年×月×日

调查问卷卷首语的语气应该是亲切、诚恳而礼貌的，简明扼要，切忌啰唆。调查问卷的开头是十分重要的，有时可能需要对测试的保密性或者奖品等相关信息进行简单说明。大量的实践表明，几乎所有拒绝合作的人都是在开始接触的前几秒钟内就表示不愿参与的。如果潜在的调查对象在听取介绍调查来意的一开始就愿意参与的话，那么绝大部分会合作，而且一旦开始回答，几乎都会继续并完成，除非在非常特殊的情况下才会中止。

知识链接 2-2

调查问卷的卷首语或开场白是致被调查者的信或问候语。其内容一般包括下列几个方面：
（1）称呼、问候。
（2）调查人员自我说明调查的主办单位和个人的身份。
（3）简要地说明调查的内容、目的和填写方法。
（4）说明作答的意义或重要性。
（5）说明所需时间。

3）调查主体

该部分是调查问卷的核心部分，它包括所要调查的全部问题，主要由各种形式的问题和答案及其指导语组成，是调研主题所涉及的具体内容。在拟定主体部分问答题时，问题的多少应根据调查目的而定，在能够满足调查目的的前提下越少越好；与调研无关的问题不要问；能通过二手资料调查到的项目不要设计在调查问卷中；答案的选项不宜太多。调查主体一般可以分为三个部分，并分别有不同的侧重点。

第一部分包括向被调查者了解最一般的问题。这些问题应该是适用于所有的被调查者，并能很快很容易回答的问题。在这一部分不应有任何难答的或敏感的问题，以免吓坏被调查者，如姓名、性别、年龄、民族、联系方式等。

第二部分是最主要的内容，包括涉及调查的主题的实质和细节的大量题目。这一部分的结构组织安排要符合逻辑性，而且对被调查者来说应是有意义的。这一部分对调查者来说，是需要了解的最核心内容。

第三部分一般包括两部分内容，一是敏感的或复杂的问题，以及测量被调查者的态度或特性的问题；二是人口基本状况、经济状况等。

4）编码

编码是将调查问卷中的每一个问题以及备选答案给予统一设计的代码，是将调查问卷中的调查项目变成代码数字的工作过程。大多数市场调查问卷均需加以编码，以便分类整理。在大规模问卷调查中，调查资料的统计汇总工作十分繁重，借助于编码技术和计算机可大大简化这一工作。编码既可以在调查问卷设计的同时就设计好，也可以等调查工作完成以后再进行。前者称为预编码，后者称为后编码。在实际调查中，研究者一般采用预编码。

5）被访者项目

被访者项目是有关被调查者的一些背景资料。例如，在消费者调查中，消费者的性别、年龄、民族、家庭人口、婚姻状况、文化程度、职业、单位、收入、所在地区、家庭住址、联系电话等；在对企业的调查中，企业名称、地址、所有制性质、主管部门、职工人数、商品销售额（或产品销售量）等情况。

6）调查者项目

调查者项目主要包括调查人员姓名、调查地点、调查日期等与调查人员相关的信息，其作用在于明确责任和便于查询、核实。

7）结束语

结束语也称致谢语，一般放在调查问卷的最后，用来简短地对被调查者的合作表示感谢，也可以征询一下被调查者对调查问卷设计和调查问卷本身的看法和感受。当然，不同调查问卷的结束语略有不同。例如，邮寄调查问卷的结束语可能是"再次感谢你参与访问，麻烦你检查一下是否有尚未回答的问题后，将问题放入附近的回邮信封并投入信箱。"而一份拦截访问的调查问卷的结束语可能会是"访问到此结束，谢谢您，这里有一份小礼品送给您，请签收。谢谢您，再见。"

知识链接2-3

调查问卷的结尾一般可以加上1~2道开放式题目，给被调查者一个自由发表意见的机会。然后，对被调查者的合作表示感谢。在调查问卷的最后，一般应附上一个"调查情况记录"。这个记录一般包括：

(1) 调查人员（访问员）姓名、编号。
(2) 受访者的姓名、地址、电话号码等。
(3) 调查问卷的编号。
(4) 访问时间。
(5) 其他，如设计分组等。
(6) 保证作答对被调查者无负面作用，并替他保守秘密。
(7) 表示真诚的感谢，或说明将赠送小礼品。

2. 调查问卷的基本设计流程

调查问卷设计是由一系列相关的工作过程所构成的，为使调查问卷具有科学性、规范性和可行性，调查问卷的设计工作一般按照以下程序进行：

（1）准备阶段。该阶段是根据研究的需要，确定调查主题的范围和项目，将所需资料一一列出，分析哪些是主要资料，哪些是次要资料，哪些资料需要通过问卷来搜集、向谁搜集等。同时还要分析调查对象的各种特征，并以此作为拟定问卷的基础。在此阶段，应充分征求各相关人员的意见，力求使调查问卷切实可行，能够满足研究的需要。

（2）初步设计。在准备工作的基础上，设计出初稿。主要是确定调查问卷的结构，拟定并编排问题顺序等。

（3）试答和修改。初步设计出来的调查问卷往往存在许多问题，需要在小范围内进行试验性调查，以便弄清楚问题所在。发现问题后，应对调查问卷做必要修改，使调查问卷更加完善合理。

（4）复印。复印就是将定稿后的调查问卷印刷出来，制作成正式的调查问卷。

3. 问题的设计形式

设计一份调查问卷、写一篇文章、做一个演讲、设计一个功能……，总免不了从"受众"的角度出发去审视。所以"同情力"非常关键，设计调查问卷的出发点，即调查问卷问题的设计就显得尤为重要。总的来说，调查问卷中问题的设计形式最常见的有以下两种。

1）开放式问题

开放式问题也称为自由式或开口式问句。这种问句不设置固定的答案，被调查者不受任何限制，让答卷者根据自身的实际条件自由发挥，如实填写答案。要想让谈话继续下去，并且有一定的深度和趣味，就要多提开放式问题。开放式问题就像问答题一样，不是一两个词就可以回答的。这种问题需要解释和说明，同时向对方表示你对他们说的话很感兴趣，还想了解更多的内容。例如：

您喜欢看哪一类电视节目？

你现在使用的洗发水是什么品牌？

你心目中理想的教师的形象如何？

（1）优点：可用于不知道问题答案有几种的情况，开放式问题可让回答者自由发挥，能收集到生动的资料，回答者之间的一些较细微的差异也可能反映出来，甚至得到意外的发现。当一个问题有10种以上的答案时，若使用封闭式问题，则回答人可能记不住那么多答案，从而难以做出选择。同时，问题和答案太长，容易使人感到厌倦，此时用开放式提问为好。

（2）缺点：开放式问题要求回答者有较高的知识水平和语言表达能力，能够正确理解题意，思考答案，并表达出来，因而适用范围有限。自填式问卷通常不用开放式问题。回答者回答此类问题，需花费较多的时间和精力，加之许多人不习惯或不乐意用文字表达自己的看法，导致回答率低。对开放式问题的统计处理常常比较困难，有时甚至无法归类编码和统计，调查结果中还往往混有一些与研究无关的信息。

2）封闭式问题

这种问句与开放式问句相反，它通常也称为闭口式问句，是指在调查问卷上的每一个问题都给出可供选择的答案，要求被调查者从中做出选择。这种调查问卷的答案是研究者在调查问卷上早已确定的，由回卷者认真选择一个回答划上圈或打上钩就可以了。

封闭式问题的优点是易于回答，答案规范，易于数量化的统计和分析；缺点是问题设计起来比较难，需要调查者预先做大量的资料准备工作。封闭式问题在具体设计上，又可分为以下几种：

(1) 填空式：在问题后面的横线或括号里填写正确答案用以回答。例如：

您的文化程度是（　　）；

您家里有（　　）个兄弟姊妹。

这种问题的回答方式往往比较简单，只需要被访者如实填写自己的情况即可。

(2) 肯定/否定式：对问题只给出肯定或否定两个答案，从中选择一个即可。例如：

您的性别？（请在括号里打"√"）

男（　　）　　　　　　　　女（　　）

你喜欢学习英语吗？（请在方格内打"√"）

□A. 是的　　　　　　　　□B. 不是的

(3) 多项选择式：在每个问题后列出多项答案，让被调查者选择，选择的数量可以限制，也可以不限制，即可以自由地选择一项或多项的回答方式。例如：

您认为政府应该加大哪些措施来推进保障性住房建设？

□A. 健全廉租住房制度，加快廉租住房建设

□B. 加大城乡居民危旧房改造力度

□C. 加强经济适用住房的建设

□D. 多渠道筹集建设资金，增加保障性住房供给

□E. 开展住房公积金闲置资金用于经济适用住房建设试点工作

□F. 加强监管，完善保障性住房建设机制

这种回答方式，适用于有几种互不排斥答案的问题。如果选项个数只能多于1个，即狭义的多选题，可能为1个或以上时为广义的多选题，特别地，当正确选项数目可以在1至所有选项数目之间取任意值时，称为不定项选择题。

(4) 排列顺序式：在每个问题后列出多项答案，让被试者按某种标准将其排列成顺序。例如：

下列因素可能对你选择未来职业有影响，请你按各项因素的重要性程度排列成顺序，并将排列序号填在各选项前的括号中。（最重要的为1，最弱的为6）

□职业理想

□职业能力

□兴趣、气质与性格

□社会需求

□家庭教育

□社会经济发展

这种回答方式，适用于需要表示一定先后顺序或轻重缓急的定序问题。

(5) 等级评分式：提出问题后，并列出不同等级的答案，由被试者回答其程度，程度可以用文字、数字、线段单独或综合排列成连续的等级。下面的例子是用数字来表示等级。例如：

您对电信公司网上营业厅的总体评价如何？

非常好	5
很好	4
好	3
一般	2
差	1

您对所住小区的物业工作是否满意？（请在下面适当的空格里打"√"）

□A. 很满意　　　　　□B. 比较满意　　　　　□C. 无所谓
□D. 不满意　　　　　□E. 很不满意　　　　　□F. 不知道

经常用于表示等级的词语还有：非常喜欢、比较喜欢、不喜欢、讨厌等；完全同意、同意、中立、不同意、无可奉告等；经常、偶尔、没有、不适用等。

小思考 2-1

根据以上所讲调查问卷题型设计的内容，试选取其中某几种题目类型举例说明。

4. 调查问卷的题型表述设计

要提高调查问卷的回复率、有效率和回答质量，设计问题应遵循以下原则：

（1）客观性原则，即设计的问题必须符合客观实际情况。

（2）必要性原则，即必须围绕调查课题和研究假设设计最必要的问题。

（3）可能性原则，即必须符合被调查者回答问题的能力。凡是超越被调查者理解能力、记忆能力、计算能力、回答能力的问题，都不应该提出。

（4）自愿性原则，即必须考虑被调查者是否自愿真实回答问题。凡被调查者不可能自愿真实回答的问题，都不应该正面提出。

表述问题的原则：

（1）具体性原则，即问题的内容要具体，不要提抽象、笼统的问题。

（2）单一性原则，即问题的内容要单一，不要把两个或两个以上的问题合在一起提。

（3）通俗性原则，即表述问题的语言要通俗，不要使用被调查者感到陌生的语言，特别是不要使用过于专业化的术语。

（4）准确性原则，即表述问题的语言要准确，不要使用模棱两可、含混不清或容易产生歧义的语言或概念。

（5）简明性原则，即表述问题的语言应该尽可能简单明确，不要冗长和啰唆。

（6）客观性原则，即表述问题的态度要客观，不要有诱导性或倾向性语言。

（7）非否定性原则，即要避免使用否定句形式表述问题。

设计调查问卷的各类题型及问法，也是一门学问，不能随意设计，否则便会影响调查的效果。因此，在设计调查问卷时应避免下述问题：

（1）避免肯定性语句。在设计调查问卷时，不能事先肯定被调查者有某种商品。例如：

您用的自动刮胡刀架是什么品牌？

您家里的计算机是兼容机还是品牌机？

您爱喝什么品牌的汽水？

正确的设计方法，应该在肯定性问题之前增加"过滤"问题。例如：

您是否已买了自动刮胡刀架？

您的家庭是否已购买了电脑？

您爱喝汽水吗？

（2）避免使用引导性语句。所谓引导性语句，是所提问题中所使用的词不是"中性"的，而是向被调查者提示答案的方向，或暗示出调查者自己的观点。例如：

××牌酒，是过去皇帝才能享受的，您打算购买吗？

××西服，是男人潇洒的标志，您准备购买吗？

××牌助动自行车也能使老人、女士脚下生风，您打算购买吗？

由这样的问句产生的结论，将缺乏客观性和真实性。

（3）避免使用模糊语句。下列的问法就属于模糊的语句：

您经常穿T恤衫吗？

您爱穿羽绒服吗？

您经常喝可乐吗？

以上这种模糊问法，被调查者不好回答。例如，问"你经常穿T恤衫吗？"若是一位没有T恤衫的人，则他还可回答："我没有T恤衫"；若是一位有几件T恤衫的人就不好回答。他若回答"经常穿"，不对，因为春、秋、冬季不可能穿。他若回答："不经常穿"，也不对，因为夏季他经常穿。所以正确的问法应是：

您夏天经常穿T恤衫吗？

您冬天爱穿羽绒服吗？

您夏天（或春天、秋天）爱喝可乐吗？

这么一改，被调查者就好回答了，调查的结论也会更具准确性。

如同文无定法一样，调查问卷也没有过死的框框，上面所讲述的设计诸类只起一个抛砖引玉的作用。

（4）避免使用双重语言，题干要明确且要易于操作。题干的概念要明确，不要有太多的假设性问题，在几个假设性问题之后来一个真实问题；减少涉及回忆的问题，需要时进行引导和提供线索。有人做过这样的试验："你看电视新闻节目的时间在你晚上闲暇时间里所占的比例是多少？" 53个人里有14个人不明白这个问题的意思；而明白的回答起来也相当吃力。

任务的易操作性主要表现在试着从用户角度考虑回答问题，将事实和态度的问题区分开，因为事实比较明确，而态度通常模糊。例如：

双重对象："你认为A和B还有C是否……"尽量分开问。

双重否定："难道你认为A不是不会……"。

列举项太多："非常同意，比较同意，同意，不是很同意，不同意，非常不同意……"。

（5）防止虚假意见。虚假意见使我们获得一些错误的信息，并将影响调查结果并产生错误的分析，所以过滤虚假意见非常重要。

虚假意见的来源大概有两种。一种是不认真或者恶意答卷。恶意答卷的情况可能会较少，但不认真答卷的情况有可能比较普遍。答卷者可能一开始饶有兴致，后来不耐烦等，结果连问题都没看清楚就选了答案，在提供奖品的情况下更可能出现这样的情况。所以在设计调查问卷时可以考虑加一些陷阱，如果答卷者进入这个陷阱则知道答卷者不认真，此调查问卷作废，不计入统计结果。另一种心理学意义上的虚假意见。人们回答问题的方式受到语境和顺序的很大影响,但答案的可塑性还是有限的(答案的可延展性称为可塑性)。如果人们对一个问题所知甚少,那么他们就会更容易受到语境和顺序的影响。另外,如果人们对一个问题一无所知,一部分人会表现出完全可塑性;在某些特别的询问方式下,一部分人会对这一问题发表意见,但实际上他们对此并不真正了解。例如:

以下哪种说法与你对《Metallic Metals 法令》的看法最为一致:
A. 对美国来说,这是一项很好的措施
B. 这是一项不错的措施,但应该留待各个州独立解决
C. 对其他国家来说或许不错,但不应该在这里实行
D. 没有任何意义

实际上,这一法令并不存在,但有 70% 的人表达了他们对该法令的意见。(选 A 的占 15%,选 B 的占 41%;选 C 的占 11%;选 D 的占 3%)。

个体的态度、意见和选择往往具有惊人的可塑性。在许多情况下,问题的措辞对人们的回答有非常重大的影响。因此,我们对问题的结构和情境要特别小心。

5. 问题的排列顺序

在设计调查问卷时,要讲究问题的排列顺序,使调查问卷条理清晰。问题排序的原则是:
(1) 最初的提问应当是被访者容易回答且较为关心的内容。
(2) 提问的内容应从简单逐步转向复杂深入。
(3) 对相关的内容应进行系统的整理,使被访者不断增加兴趣。
(4) 作为调查核心的重要问题应排在前面。
(5) 专业性强的具体细致问题和敏感性问题应尽量放在后面。
(6) 封闭式问题放在前面,开放式问题放在后面。

案例分析

旅游者利用互联网进行旅游活动的调查问卷[①]

亲爱的朋友,祝您旅程愉快!

如果您是网民(平均每周使用互联网至少一小时),请接受我们的调查。本项调查主要想了解游客"是否在利用互联网进行旅游相关活动",包括上网浏览查询旅游信息,预订客房、车票、机票等,以便于我们更好地为您服务。

问题全部是选择题,请在对应的选项上划"√",谢谢您的合作!

1. 您的性别:
   A. 男
   B. 女
2. 您的年龄:(请在对应的栏目下划"√")

18 岁以下	18~24 岁	25~30 岁	31~35 岁	36~40 岁	41~50 岁	51~60 岁	60 岁以上

---

① 资料来源:http://glxy.hfut.edu.cn/glxx/alysy/al/dcwj.htm。

3. 您的婚姻状况:
   A. 未婚
   B. 已婚
4. 您的家庭状况:
   A. 还未成立小家庭,跟父母住
   B. 还未成立小家庭,也没跟父母住
   C. 小两口儿
   D. 老两口儿
   E. 两代同堂
   F. 三代(或以上)同堂
5. 您的文化程度:
   A. 高中(中专)以下
   B. 高中(中专)
   C. 大专
   D. 本科
   E. 硕士
   F. 博士
6. 您的职业:
   A. 国家机关、党群组织工作人员
   B. 企事业单位管理人员
   C. 专业技术人员
   D. 农、林、牧、渔工作人员
   E. 办事员等协助人员
   F. 旅游行业或专业人员
   G. 其他商业、服务业人员
   H. 生产、运输设备操作人员及有关人员
   I. 教师
   J. 军人
   K. 学生
   L. 无业
   M. 其他
7. 您的月收入状况:(请在对应的栏目下划"√")

500元以下	501~1 000元	1 001~1 500元	1 501~2 000元	2 001~2 500元	2 501~3 000元

3 001~4 000元	4 001~5 000元	5 001~6 000元	6 001~10 000元	10 000元以上	无收入

第一部分

1. 您利用互联网查询旅游信息和服务最主要的目的是：（单选或多选）
   A. 浏览旅游信息的过程本身就是一种消遣或乐趣
   B. 可以增长知识
   C. 有助于自己制订更好的旅游计划，玩得更好
   D. 其他_____（请写明）

2. 您觉得利用互联网查询旅游信息和服务的好处是：（单选或多选）
   A. 节省时间
   B. 节约费用
   C. 操作方便
   D. 较少受时间、空间的限制
   E. 网上信息丰富
   F. 想知道什么就找什么，完全自己作主（如不用听别人推销）
   G. 其他_____（请写明）

3. 您经常查询哪方面的旅游信息和服务？（单选或多选）
   A. 旅游景点
   B. 饭店
   C. 旅行社
   D. 旅游交通
   E. 旅游购物
   F. 休闲娱乐活动
   G. 当地的风俗民情
   H. 当地的社会、经济、自然环境方面的信息
   I. 旅游价格
   J. 旅游服务质量（如网友的评论）
   K. 旅游注意事项和旅游提示
   L. 当地天气状况
   M. 旅游图片
   N. 旅游游记类文章
   O. 其他_____（请写明）

4. 您觉得上网查询旅游信息和服务时，哪些方面不能令人满意？（单选或多选）
   A. 网站方面（如网站内容更新太慢；网站界面都是文字信息，缺少多媒体内容；网站设计较差）
   B. 网络方面（如网速太慢，上网费用高）
   C. 信息方面（如难以找到自己所需的信息，难以判别信息内容的真假）
   D. 个人方面（如自己缺乏技术和技巧，上网不方便）
   E. 其他_____（请写明）

5. 您一般会选择在什么时候上网查询旅游信息和服务？（单选或多选）

A. 在决定要外出旅游时

B. 在旅途中

C. 在旅游结束之后

D. 平常也会

6. 您觉得最需要获取旅游信息的时间是：（单选或多选）

A. 在决定要外出旅游时

B. 在旅途中

C. 在旅游结束之后

D. 平常也会

7. 在您制订旅游计划时，主要依据哪几种旅游信息？（单选或多选）

A. 朋友、同事和亲戚

B. 报纸、杂志

C. 旅游手册和导游类书籍

D. 旅行社

E. 旅游广告、宣传材料

F. 广播电视

G. 互联网

H. 自己的经验和知识

I. 其他_____（请写明）

8. 您一般选择去哪些网站查询旅游信息和服务？（单选或多选）

A. 综合网站的旅游栏目（如新浪、雅虎）

B. 旅游专业网站（如携程旅行网）

C. 政府旅游网站（如中国旅游网、安徽旅游网）

D. 旅游景点、饭店、旅行社自己的网站

E. 通过搜索_____（如百度、Google 等搜索引擎），寻找自己需要的信息

F. 其他_____（请写明）

9. 您希望网站的旅游信息以哪种方式来组织？（单选或多选）

A. 按旅游路线（如杭州–苏州–黄山七日游）

B. 按类别（如饭店、旅行社、景点）

C. 按地区（如安徽–黄山、浙江–西湖）

D. 按价位（如客房分成低于 100，100~200，大于 200 元/夜）

E. 能记住您的个性特征，然后按照您的喜好自动组织信息

F. 其他_____（请写明）

10. 您得知旅游网站的主要途径：（单选或多选）

A. 搜索引擎

B. 其他网站上的链接

C. 电子邮件

D. 朋友、同学、同事的介绍

E. 网友介绍网址大全之类的书籍

F. 报纸、杂志

G. 广播电视

H. 户外广告

11. 您有通过网络预订或购买旅游产品（如客房、机票、车票）的经历吗？

　　A. 有

　　B. 没有

12. 您会在未来某个时候"通过网络预定或购买旅游产品"吗？

　　A. 会，三个月内

　　B. 会，六个月内

　　C. 会，一年内

　　D. 会，2~3年内

　　E. 会，三年以后

　　F. 会，但时间说不定

　　G. 可能会

　　H. 不会

第二部分

1. 您还不曾"利用互联网进行过与旅游相关的活动"，原因是：（单选或多选）

　　A. 不知道网上提供旅游信息和服务

　　B. 知道网上可能有这种旅游信息和服务，但不知道到哪个网站查找

　　C. 上网不方便或上网费用偏高

　　D. 无须上网就能获得所需的旅游信息和服务，或去旅游的地方自己比较熟悉

　　E. 外出旅游一般是听家人或别人安排，自己不用操心

　　F. 自己旅游次数较少

　　G. 其他_____（请写明）

2. 您会在未来某个时候"利用互联网进行与旅游相关的活动"吗？

　　A. 会，三个月内

　　B. 会，六个月内

　　C. 会，一年内

　　D. 会，2~3年内

　　E. 会，三年以后

　　F. 会，但时间说不定

　　G. 可能会

　　H. 不会

请仔细阅读以上调查问卷并回答以下问题：

1. 请你概括这份调查问卷的调查目标。
2. 这是一份自填式问卷还是访问式问卷？
3. 调查问卷中还有什么不足的地方？

思考练习题

一、单项选择题

1. 统计调查是统计工作的一项（　　）。
   A. 基础活动　　B. 最初活动　　C. 最末活动　　D. 最先活动
2. 确定统计调查方案的首要问题是（　　）。
   A. 确定调查对象　　　　　　　B. 确定调查目的
   C. 确定调查项目　　　　　　　D. 确定调查时间
3. 确定调查时间是（　　）。
   A. 确定调查资料所属时间　　　B. 确定调查登记的时间
   C. 确定调查期限　　　　　　　D. 确定进行调查的时间
4. 对某地工业企业职工进行调查，调查对象是（　　）。
   A. 各工业企业　　　　　　　　B. 每一个工业企业
   C. 各工业企业全体职工　　　　D. 每位工业企业职工
5. 普查工作可以（　　）。
   A. 经常进行　　　　　　　　　B. 只能组织一次
   C. 普遍进行　　　　　　　　　D. 根据需要每隔一段时间进行一次
6. 所选择单位的标志总量占全部总体标志总量的绝大比例，这些单位就是（　　）。
   A. 调查单位　　B. 代表性单位　　C. 重点单位　　D. 典型单位
7. 抽样调查的主要目的是（　　）。
   A. 了解总体的全面情况　　　　B. 掌握总体的基本情况
   C. 由样本指标推断总体指标　　D. 由个别推断总体
8. 抽样调查所抽出的调查单位是（　　）。
   A. 按随机原则抽选的　　　　　B. 按随意原则抽选的
   C. 有意识抽选的　　　　　　　D. 典型单位
9. 要调查某工厂的全部机器设备的情况，该工厂的每台机器设备是（　　）。
   A. 调查单位　　B. 填报单位　　C. 调查对象　　D. 调查项目
10. 某灯泡厂为了掌握该厂的产品质量，拟进行一次全厂的质量大检查，这种检查应当选择（　　）调查方法。
    A. 统计报表　　B. 全面调查　　C. 重点调查　　D. 抽样调查

二、问答题

1. 什么是调查问卷？由哪几个方面构成？
2. 简述调查问卷的基本设计流程。
3. 开放式问题和封闭式问题有哪些优点及缺点？

实训项目

项目一：市场调查方案设计

实训项目：针对你所熟悉的学生食堂，进行一项顾客满意度调查，以小组为单位设计调查总体方案。

实训目的：让学生了解市场调查总体方案的设计内容和技巧，学会对总体方案进行评价与分析。

实训考核：

1. 以 3~5 个学生为一个小组，模拟一个调查项目，选择负责人一名，进行工作的安排和报告的汇报。

2. 小组负责人负责安排整个小组的工作调度，分配小组成员的工作内容，并给出相应评价。

3. 各组方案完成后，由各小组负责人组成方案评价委员会，对所有完成的总体方案进行可行性分析和评价，给出评价等级与分数。

4. 教师给出所有总体方案分数，学生最终成绩由教师给定成绩、方案评定等级与小组负责人的评价三项内容综合得出。

项目二：调查问卷的设计

实训目的

淘宝网为了解网民对因特网及淘宝网的看法，欲在网上开展一次市场问卷调查，现在需要设计一份关于淘宝网的市场调查问卷。

实训内容和要求

调查问卷应包含的主要内容如下：

(1) 对淘宝网的熟悉程度。
(2) 学习淘宝网知识的主要途径。
(3) 上网频率。
(4) 每次上网花费时间。
(5) 淘宝网的优势。
(6) 对淘宝网的认知程度。
(7) 对淘宝网的评价。
(8) 目前上网所面临的问题。
(9) 对上网资费的关注程度。
(10) 对资费方式的评价。
(11) 网民所能接受的上网资费价位。
(12) 个人计算机的拥有率。
(13) 对淘宝网服务方面、宣传方面的看法。
(14) 背景材料（年龄、工作单位）。

要求：1. 根据上面材料所提供的场景设计一份关于淘宝网的市场调查问卷；
    2. 市场调查问卷中的题型要多样，富有变化性。

实训成果及考核

学生通过设计调查问卷，可以对本章的内容有更好地巩固和体会。教师布置此次任务后，可以根据每位学生的调查问卷设计情况进行打分并评价。

第三章

数据整理与显示

任务引入

中国 B2B 发展现状及趋势分析

B2B 是 Business‑to‑Business 的缩写,是指企业与企业之间通过专用网络或因特网进行数据信息的交换、传递,进而开展商务交易活动的模式,是电子商务的重要组成部分。行业数据显示,2016 年我国 B2B 市场营收规模达 1 720.9 亿元,较去年增长 24.19%。2015 年之前,计算 B2B 营收主要以会员模式及相关服务收入,因此总量相对较小;从 2015 年起,B2B 电商平台大爆发,受 B2B 电商平台所开展的自营交易、寄售交易等业务计入营收的影响,2015—2016 年 B2B 市场营收规模快速增长。中国 B2B 市场营业收入规模如图 3-1 所示。

图 3-1　中国 B2B 市场营业收入规模①

---

① 数据主要参考 B2B 上市公司财报、各行业主要 B2B 企业访谈数据及行业研究模型测算。

2016 年，样本企业年度营收及市场占有率如表 3-1 和图 3-2 所示。

表 3-1 2016 年样本企业年度营收及市场占有率

排名	企业名称	营业收入/万元			营业收入市场份额/%
		交易营收	非交易营收	总额	
1	上海钢联	4 109 081.15	18 552.39	4 127 899.11	23.99
2	科通芯城	1 293 279.40	—	1 293 279.40	7.52
3	中晨电商	328 942.26	—	328 942.26	1.91
4	欧浦智网	308 803.60	—	308 803.60	1.79
5	慧聪网	84 208.00	111 620.30	195 828.30	1.14
6	国联股份	78 095.92	12 846.82	90 942.74	0.53
7	焦点科技	9 909.12	58 488.07	68 397.19	0.40
8	生意宝	20 666.76	11 683.07	32 349.83	0.19
9	海虹控股	20 362.34	1 320.99	21 683.33	0.13

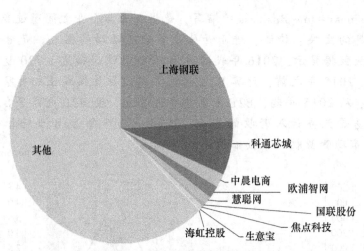

图 3-2 2016 年中国 B2B 电子商务行业样本企业营收市场占有率

说明：选取 B2B 行业的 IPO 上市企业和挂牌上市企业为 B2B 市场竞争格局分析的样本企业，数据全部来源于这些企业的公开财报。2016 年度净利润为负数的上市企业没有纳入样本企业。同时，截至 2017 年 4 月 30 日尚未发布年报或业绩快报的，没有列入营收排序和净利润排序。找钢网、中农网、中商惠民、马可波罗、敦煌网等由于没有公开财务数据，没有纳入样本企业。阿里巴巴的财报中未显示 B2B 业务的营业收入，因此也没有纳入样本企业。

从样本企业的收入来源看，未来中国的 B2B 市场发展趋势主要体现在以下几个方面[①]：

趋势一：垂直类平台快速发展。

未来 B2B 平台更加垂直细分，垂直领域 B2B 电商方兴未艾，将继续迅猛发展；同时，

---

① 资料来源：《中国 B2B 电子商务市场年度分析简报（2016 年度）》。

成熟的垂直 B2B 交易平台将积极向产业互联网延伸发展。

趋势二：服务深化。

未来 B2B 平台将向深度服务延伸，从交易切入，向物流、征信、金融、大数据、供应链管理快速延展，并以大数据和服务能力驱动平台发展。

趋势三：SaaS 广泛应用。

在效率、收益的双驱动下，B2B 企业对于 SaaS 的需求将被进一步挖掘。

趋势四：投资和并购热度持续。

据估计，2016 年，B2B 电商融资金额超过 170 亿元。同时上市公司并购 B2B 电商也成为重头戏，塑米城、掌合天下、中农网都被上市公司收入囊中。未来，资本聚拢和产业并购将成为 B2B 电商的新资本标识。

这样的分析，我们常在各类媒体上见到。这些用于分析的数据是怎样得到的，以及这些用于显示数据的图表是怎样绘制的，如何使用这些图表等问题是本章所要研究的内容。

学习目标

(1) 初步掌握统计整理的内容，理解统计分组的基本理论。
(2) 掌握简单的统计分组的具体操作方法，进行统计数据的简单汇总。
(3) 熟练掌握分布数列的一些基本概念以及变量分布数列的编制方法。
(4) 理解并掌握统计表的构成及种类，能编制简单汇总表。

3.1 统计整理

3.1.1 统计整理的概念和意义

统计整理是根据统计研究的任务与要求，对调查得来的各种原始资料进行科学的整理与加工，使之系统化，从而得出反映总体特征的综合资料，包括系统地积累资料与为研究特定问题对资料的再加工。

统计调查取得的原始资料是分散的、杂乱的、不系统的，只能表明各个被调查单位的具体情况，反映事物的表面现象或一个侧面，不能说明事物的全貌、总体情况。因此，只有对这些资料进行加工整理才能认识事物的总体及其内部联系。

统计整理是统计调查的继续，也是统计分析的前提，在整个统计工作中具有承前启后的作用。

3.1.2 统计整理的程序和方法

统计整理的主要内容决定了统计整理的全过程，统计整理的全过程体现了统计整理的主要内容。

1. 统计整理的程序

统计整理的全过程大体上可以分为以下五个步骤。

1) 设计统计整理方案

统计整理方案与调查方案应紧密衔接，其指标体系要与调查项目一致，或者是其中的一部分，绝不能矛盾、脱节或超越调查项目的范围。整理方案是否科学，对于统计整理乃至统计分析的质量都是至关重要的。

2）审核、修订调查资料

在汇总前，要对调查得来的原始资料进行审核，审核它们是否准确、及时、完整，若发现问题，则应加以纠正。统计资料的审核也包括对整理后的次级资料的审核。

3）进行科学的统计分组

用一定的组织形式和方法，对原始资料进行科学的分组是统计整理的前提和基础。在统计整理中，根据统计研究的目的和要求，抓住最基本的、最能说明问题本质特征的统计指标进行统计分组，并根据分析的需要确定具体的分组形式。

4）统计汇总

对分组后的资料，进行汇总和必要的计算，使得反映总体单位特征的资料转化为反映总体数量特征的资料。

5）编制统计表

统计表是统计资料整理的结果，也是表达统计资料的重要形式之一。根据研究的目的可编制出各种统计表。

2. 统计整理的方法

统计整理的方法有分组、汇总和编制统计表。分组是根据任务的要求，对调查所得的原始资料，确定要进行哪些分组或分类，在分组的基础上确定应该汇总得到哪些统计指标。汇总是继分组后的一个重要步骤，它是指将多单位的各种标志值相加进行汇总。统计汇总技术主要有手工汇总和电子计算机汇总两种。手工汇总常用的方法主要有划记法、过录法、折叠法和卡片法。电子计算机汇总大致需经过编制程序、编码、数据录入、数据编辑和计算与制表等步骤。

3.2 统计分组

统计分组（Statistical Grouping）是指根据统计研究的目的与要求以及研究现象的内在特点，将统计总体按照某一个或某几个标志划分为若干个性质不同又有联系的部分。统计分组时必须同时满足穷尽互斥的原则。穷尽是指每一个总体单位都有组可归。例如，将一群小学生按性别分为男生和女生两组，没有一名小学生既不归属于男生组又不归属于女生组的情况，这就是穷尽原则。互斥是指每一个总体单位只能归属于某一个分组。例如，上例中，不能出现一名小学生既归属于男生组又归属于女生组的情况，这就是互斥原则。在连续式组距数列中，用"下限记入原则"来保证互斥原则。

3.2.1 统计分组的分类

分组标志就是用来进行统计分组的标志。进行统计分组的关键在于选择分组标志，而选择分组标志的关键在于所选标志要服从研究任务的需要，能够反映总体的本质特征。统计分组的分类方法有很多，常见的有：

1. 按分组标志的多少划分

将统计分组按照分组标志的多少划分，可以分为简单分组和复合分组。其中，只有一个分组标志的是简单分组，如表3-2所示。复合分组是先按某个分组标志分组后，再在此基础上按另外一个分组标志将每一个分组进行进一步细分的统计分组。表3-3所示为在已按身高分组的基础上再将每一组按性别分组的复合分组。复合分组的分组标志可以是两个或两个以上。

表3-2 初三（1）班学生身高统计

身高/cm	学生人数/人
140以下	4
140~160	31
160~180	22
180以上	3
合计	60

表3-3 初三（1）班学生身高统计

身高/cm	学生人数/人		
	男	女	小计
140以下	3	1	4
140~160	18	13	31
160~180	9	13	22
180以上	2	1	3
合计	32	28	60

2. 按分组标志的类型划分

将统计分组按照分组标志的类型划分，可以分为品质分组和数量分组。如果分组标志是品质标志，那么统计分组就是品质分组；如果分组标志是数量标志，那么统计分组就是数量分组。表3-2中的分组标志是身高，因为身高是数量标志，所以表3-2是数量分组；表3-4中的分组标志是服务态度，因为服务态度是品质标志，所以表3-4是品质分组。如果一个分组是数量分组，那么这个分组还可以进一步划分为单项式分组和组距式分组，组距式分组又可以进一步划分为间断式分组和连续式分组、等距组和异距组，这些划分将在3.3.2节统计分组的方法中详细介绍。

3. 按分组的任务和作用划分

统计分组按其任务和作用的不同，可分为类型分组、结构分组和分析分组。这样分组的目的分别是，划分社会经济类型、研究同类总体的结构和分析被研究现象总体诸标志之间的联系与依存关系。

类型分组和结构分组的界限比较难区分，也没有截然的界限，通常两者结合使用。一般认为，现象总体按主要的品质标志分组，多属于类型分组，如银行服务窗口按服务态度分组，如表3-4所示；按数量标志分组多是结构分组，进行结构分组的现象总体相对来说同类性较强，如班级学生按身高分组，如表3-5所示。

表3-4 某银行窗口服务态度统计

服务态度	服务人数/人
很满意	31
满意	27
不满意	9
很不满意	3
合计	70

表3-5 初三（1）班学生身高统计

身高/cm	学生人数/人	所占比例/%
140以下	4	6.67
140~160	31	51.67
160~180	22	36.66
180以上	3	5.00
合计	60	100.00

分析分组是为研究现象总体各标志依存关系的分组，如表3-6所示。分析分组具有易与类型分组、结构分组相区别的明显特征。分析分组的分组标志称为原因标志，与原因标志对应的标志称为结果标志。原因标志既可以是数量标志，也可以是品质标志，但结果标志一定是数量标志，而且要求计算其相对数或平均数。在表3-6中，企业类型是原因标志，员工总数、工资总额和平均工资等都是结果标志。

表3-6 某地区企业情况统计

企业类型	员工总数/万人 (1)	比例/% (2)	工资总额/亿元 (3)	比例/% (4)	平均工资/（元·人$^{-1}$） (5)=(3)/(1)
国有企业	10 765.9	73.40	7 211.0	76.68	6 698
集体企业	2 817.0	19.20	1 253.4	13.33	4 449
股份制企业	460.1	3.14	350.9	3.73	7 627
外资企业	565.2	3.85	546.8	5.81	9 674
其他企业	60.1	0.41	42.2	0.45	7 022
合计	14 668.3	100.00	9 404.3	100.00	6 411

3.2.2 统计分组的方法

统计分组的方法实质是指品质分组和数量分组的具体分组方法。一般而言，品质分组的分组方法和数量分组的分组方法是不相同的，下面就对这两种统计分组的分组方法进行具体阐述。

1. 单项式分组

单项式分组是指分组标志在每一组只能有一个取值的统计分组。一般而言，品质分组主要采用这种分组方法，如表3-4所示。品质分组的分组方法一般比较简单，分组标志一旦确定，组数、组名、组与组之间的界限也就随之确定。一些较复杂的品质分组可根据统一规定的划分标准和分类目录进行分组。对于分组标志的取值不是很多且为离散型取值时的数量分组，根据需要也可以采用单项式分组，但更多的是采用组距式分组。

2. 组距式分组

组距式分组是指分组标志在每一组的取值不是一个，而是表现为一段取值区间的统计分组。一般而言，数量分组主要采用这种分组方法，如表3-5所示。在组距式分组中，每一组的分组标志的取值区间的长度称为该组的组距（Class Width）。按照每一组的组距是否相等可以把组距式分组分为等距组和异距组。如果每一组的组距都相等则称为等距组；如果不是每一组的组距都相等则称为异距组。统计分组时采用等距分组还是异距分组，取决于研究对象的性质和特点。等距分组便于各组单位数和标志值直接比较，也便于计算各项综合指标。因此，在标志值变动比较均匀的情况下宜采用等距分组，而在标志值变动幅度较大或变动很不均匀的情况下宜采用异距分组。对于标志值变动很不均匀的标志，异距分组有时更能说明现象的本质特征，如员工收入、产品产量、工业产值和汽车销售量等宜采用异距分组。除了等距组和异距组之外，组距式分组还可以分为间断式分组和连续式分组。

统计分组中分组标志在每一组的端点标志值称为组限（Class Limit），其中较小的端点值称为下限（Low Limit），较大的端点值称为上限（Upper Limit）。如果统计分组每一组的上限等于后一组的下限,并且每一组的下限等于前一组的上限,则该统计分组为连续式分组,如表3-5所示;否则称为间断式分组,如表3-7所示。缺少下限或者上限的组称为开口组,如表3-8所示;上限和下限都有的组称为闭口组,如表3-9所示。间断式分组一般主要用于离散型变量分组;而在实际工作中,主要采用连续式分组,很少采用间断式分组。至于开口组和闭口组则根据需要确定,两者都有应用。需要注意的是,采用连续式分组时,如果总体单位的取值恰好等于组限,则遵循"下限记入原则"。

表3-7 初三(1)班学生

身高/cm	学生人数/个	比例/%
120~140	4	6.67
140~160	31	51.67
160~180	22	36.66
180~190	3	5.00
合计	60	100.00

表3-8 初三(1)班学生

身高/cm	d	x	学生人数/个	比例/%
140以下	20	130	4	6.67
140~160	20	150	31	51.67
160~180	20	170	22	36.66
180以上	20	190	3	5.00
合计	80	—	60	100.00

表3-9 某车间零件加工数量统计

零件数/件	d	x	工人数/人	比例/%
20~29	10	24.5	23	17.16
30~39	10	34.5	42	31.34
40~49	10	44.5	49	36.57
50~59	10	54.5	20	14.93

3. 有关组距式分组的计算

组距式分组的基本计算包括组距计算和组中值计算。由于组距式分组是统计分析中常用的分组方法,因此,组距式分组的基本计算也就称为统计分析指标的计算基础。

组中值(Class Midpoint)是分组标志在该组的取值区间的中点值,我们一般用 x 表示,用 U、L 和 d 来分别表示该组的上限、下限和组距。间断式分组的组距和组中值的计算公式如式（3-1）所示；连续式分组的组距和组中值的计算公式如式（3-2）所示；开口组的组距和组中值的计算公式如式（3-3）所示。

$$d = U - L + 1, x = \frac{U+L}{2} \quad (3-1)$$

$$d = U - L, x = \frac{U+L}{2} \quad (3-2)$$

$$d = 相邻组组距, x = L + \frac{d}{2} = U - \frac{d}{2} \quad (3-3)$$

3.3 频数分布

统计分组只是将总体单位按照分组标志划分为若干个不同的小组，并没有考虑这些小组之间的排列顺序，因此统计分组还不能很好地体现总体分布的规律。为了更好地研究总体的数量属性，我们引入频数分布。

3.3.1 频数分布的概念

频数分布（Frequency Distributing）是指将总体进行统计分组后，按分组标志的取值顺序将各组进行排列，形成总体单位在各组间的分布，又称为次数分布。由此而形成的数列称为分布数列。分布数列包括两个基本要素，即分组标志和各组单位数，如图3-3所示。

×××统计表

分组标志(x)	频数(f)	频率($f/\sum f$)
…	…	…
…	…	…
…	…	…
…	…	…
合计	$\sum f$	1

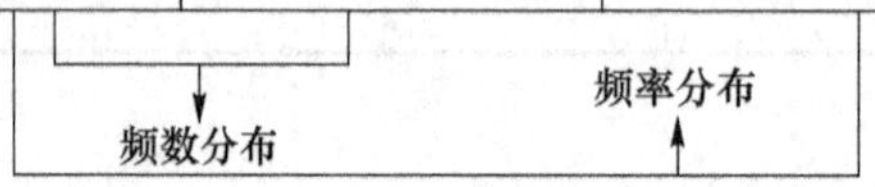

频数分布　　　频率分布

图3-3　分布数列的基本要素

在数列中分组标志又称为变量，用 x 表示。各组单位数是用绝对数表示的，称为频数或次数，用 f 表示；如果以相对数表示的称为频率，则它们都可以作为权数。

数列是建立在统计分组的基础上的，因此，按照所依托的统计分组的类型划分，数列可以有不同种类，即统计分组是哪一类，数列就是哪一类。例如，如果统计分组是品质分组，那么数列就是品质数列；如果统计分组是数量分组，那么数列就是数量数列（又称变量数列）。由于统计的研究对象是客观事物的数量方面，因此主要研究变量数列。

3.3.2 变量数列的编制方法

1. 单项式数列的编制

变量数列是编制成单项式还是组距式，主要取决于变量的类型及其变动幅度。一般来说，会将变量数列都编制成组距式数列，因为这样能更好地体现总体的分布规律，如果是离散变量且总体单位的个数较少，也可以将其编制成单项式数列。下面通过一个实例说明单项式数列的编制方法及步骤。

【例 3-1】某企业 34 名应聘者在面试时的答题正确数分别是 17、19、12、13、24、22、21、27、19、13、21、22、17、17、14、14、13、24、27、25、25、27、22、21、12、19、13、21、13、17、21、12、22、25。

要求：根据上述资料编制单项式数列。

分析：资料中的变量是离散型变量，可以编制成单项式数列，也可以编制成组距式数列，但题目要求编制成单项式数列，故可以按以下步骤进行。

首先，将变量排序，即 12、12、12、13、13、13、13、13、14、14、17、17、17、17、19、19、19、21、21、21、21、21、22、22、22、22、24、24、25、25、25、27、27、27。

其次，确定变量值的个数及其出现的次数，本例中一共有 10 个变量值，即 12、13、14、17、19、21、22、24、25 和 27，它们分别出现了 3、5、2、4、3、5、4、2、3 和 3 次。

最后，按变量值由小到大的顺序编制出表 3-10，即单项式数列。

表 3-10　应聘者面试答题正确数分布

答题正确数/个	12	13	14	17	19	21	22	24	25	27
应聘者人数/人	3	5	2	4	3	5	4	2	3	3

2. 等距数列的编制

等距数列可分为连续式数列和间断式数列，通常情况下，一般编制成连续式数列。在这里，我们仍然通过一个实例说明连续式数列的编制方法及步骤。

【例 3-2】现从某校某专业二年级学生中随机抽取 50 名学生进行月平均通信费用抽样调查，得到他们的月平均通信费用如下（单位：元）：

57、29、29、36、31、23、47、23、12、28、35、51、39、18、46、18、26、50、29、33、21、46、41、52、28、21、43、19、42、20、12、17、13、47、57、61、14、24、23、62、34、27、34、24、22、43、47、25、29、30。

要求：根据上述资料编制连续式等距数列。

解：一般来说，等距数列的编制可按以下步骤进行。

首先，将原始数据按从大到小的顺序排列（本处略）并计算全距。全距是最大标志值与最小标志值之差，一般用 R 表示，本例中 $R = 62 - 12 = 50$。

其次，确定组数和组距。组数的多少取决于全距和组距，在等距数列中，组数 $n = R/d$。组数过少达不到统计分组的基本要求，组数过多容易使总体割裂，都不能很好地体现出总体的分布规律。到底分多少组，并没有统一的要求，主要是靠研究者凭借经验对所研究问题的性质做出判断。若无经验可言，则可以借助 Sturges 公式，即 $n = 1 + 3.322 \lg N$，其中 N 为总体单位数。本例借助 Sturges 公式可得 $n = 1 + 3.322 \lg 50 = 6.6$，取整得 7 组，因此 $d = R/n = 50/7 = 7.143$，取整为 8（注意取整后需满足 $nd \geqslant R$）。

最后，确定组限，统计各组频数，并整理成数列。编制连续式等距数列时，只要确定一组的组限，其他组的组限也就随之确定了，本例第一组的上限定为 15，如表 3-11 所示。

表3-11 月平均通信费用分布

月平均通信费/元	组中值/元	频数 (f)	频率 ($f/\sum f$)
15以下	11	4	0.08
15~23	19	8	0.16
23~31	27	15	0.30
31~39	35	6	0.12
39~47	43	7	0.14
47~55	51	6	0.12
55以上	59	4	0.08
合计	—	50	1.00

3. 异距数列的编制

异距数列也可分为连续式数列和间断式数列,在这里,我们同样只通过实例来说明连续式异距数列的编制方法及步骤。

异距数列的编制步骤与等距数列的编制步骤大体相同,即先排序计算全距,然后确定组数和组距,最后确定组限,统计各组频数,并整理成数列。与等距数列不同的是,异距数列的组距有多个,而等距数列的组距只有一个。并且,异距数列组距的确定主要是依靠研究者凭借经验对所研究问题的性质做出的判断,而无类似的 Sturges 公式作参考。

【例3-3】现从某集团公司下属的子公司中随机抽取 30 名员工进行月平均收入抽样调查,得到他们的月平均收入如下(单位:元):

2 333、2 810、4 000、2 080、3 446、2 421、2 500、3 970、2 828、6 750、3 000、3 800、1 620、5 677、6 973、3 920、4 020、4 443、10 012、4 607、4 856、4 900、1 790、4 992、1 929、5 701、2 200、6 215、2 921、13 777。

要求:根据上述资料编制连续式异距数列。

解:首先,将原始数据按从大到小的顺序排列(排列顺序略)。其次,确定组限分别为 2 000、2 500、3 000、4 000、5 000 和 7 000。最后,按上述组限分组统计频数,并整理成数列,如表3-12 所示。

表3-12 月平均收入分布

月平均收入/元	组中值/元	频数 (f)	频率 ($f/\sum f$)
2 000以下	1 750	3	0.100 0
2 000~2 500	2 250	4	0.133 3
2 500~3 000	2 750	4	0.133 3
3 000~4 000	3 500	5	0.166 7
4 000~5 000	4 500	7	0.233 3
5 000~7 000	6 000	5	0.166 7
7 000以上	8 000	2	0.066 7
合计	—	30	1.000 0

异距数列的频数分布情况与等距数列的频数分布情况不同，它受变量值和组距两种因素的影响，为了正确反映异距数列的频数分布特征，需要引入频数密度、标准组距和标准组距频数，以消除组距大小不等对频数分布的影响。

频数密度是指单位组距内的频数；标准组距（又称单位组距）是指异距数列中最小的组距；标准组距频数是指该组组距折算成标准组距后的频数。同一组的频数密度、标准组距和标准组距频数之间的关系式为

$$频数密度 = \frac{频数}{组距}，标准组距频数 = 频数密度 \times 标准组距 \qquad (3-4)$$

若将式（3-4）中的频数换为频率，则它同样适用于频率密度、标准组距和标准组距频率之间的关系。

【例 3-4】 某会计师事务所为了了解为客户提供年终审计服务时所需时间的分布情况，随机抽查了 20 家客户公司进行年终审计时花费的时间（单位：天），具体如下：

10、13、13、14、15、15、16、17、17、18、18、19、20、20、21、22、24、25、29、33。

要求：试编制该会计师事务所为客户提供年终审计服务时所需时间的频数分布。

解：首先，将原始数据排序（排序情况略），然后根据年终审计服务所需时间的分布特点，编制频数分布，如表 3-13 所示。

编制组距式数列时应注意各组频数分布均匀，一般情况下不要出现频数为 0 的情况。另外，还要注意首尾两组的频数一般不应小于 5，在总体单位较少的情况下不应小于 3，最小不应小于 2。

表 3-13 年终审计服务所需时间的分布情况

审计时间/天	组距/天 (1)	公司数/家 (2)	比例 (3)=(2)/20	频数密度/ (家·天$^{-1}$) (4)=(2)/(1)	频率密度/天 (5)=(3)/(1)	标准组距频数 (6)=(4)×5	标准组距频率 (7)=(5)×5
10~15	5	4	0.20	0.80	0.04	4.0	0.20
15~20	5	8	0.40	1.60	0.08	8.0	0.40
20~25	5	5	0.25	1.00	0.05	5.0	0.25
25~35	10	3	0.15	0.30	0.02	1.5	0.08
合计	—	20	1.00	—	—	—	—

3.3.3 累计频数和累计频率

在研究频数分布和频率分布时，常常还需要编制累计频数数列和累计频率数列。其方法是首先列出各组的组限，然后依次累计到本组为止的各组频数，求得累计频数。根据累计的起始点可以分为向上累计和向下累计。

向上累计是从较小的标志值所在组开始向标志值较大组累计，它表示小于该组的上限有多少；向下累计是从标志值较大组开始向标志值较小组累计，它表示大于该组的下限有多少。如果累计的对象是频数则称为累计频数；如果累计的对象是频率则称为累计频率。累计频率的计算通常有两种方式：一是根据定义直接对频率进行累计；二是将相应的累计频数除

以频数总和即相应的累计频率。

【例 3-5】对【例 3-2】所得的数列计算向上累计频数、向下累计频数、向上累计频率和向下累计频率,并说明其各自的含义。

解:根据表 3-11,计算相关结果及其含义如表 3-14 所示。从表 3-14 可知,第三组的向上累计频数为 27,向上累计频率为 0.54,它们分别表示月平均通信费用小于 31 元(因为该组上限为 31)的同学有 27 人,所占比例为 0.54;第三组的向下累计频数为 38,向下累计频率为 0.76,它们分别表示月平均通信费用大于 23 元(因为该组下限为 23)的同学有 38 人,所占比例为 0.76。其他各组的累计频数和累计频率具有同样的含义。表 3-14 中的累计频数和累计频率是按照它们的定义进行计算的,除了按照定义进行计算外,还可以按照它们之间的关系式(即式(3-5))进行推算。

表 3-14 累计频数、累计频率计算

序号	月平均通信费/元	频数	频率	向上累计		向下累计	
				频数	频率	频数	频率
1	15 以下	4	0.08	4	0.08	50	1.00
2	15~23	8	0.16	12	0.24	46	0.92
3	23~31	15	0.30	27	0.54	38	0.76
4	31~39	6	0.12	33	0.66	23	0.46
5	39~47	7	0.14	40	0.80	17	0.34
6	47~55	6	0.12	46	0.92	10	0.20
7	55 以上	4	0.8	50	1.00	4	0.08
	合计	50	1.00	—	—	—	—

$$累计频率 = \frac{相应的累计频数}{频数总和} \tag{3-5}$$

【例 3-6】表 3-15 是某地区某年家庭收入分布情况。

要求:根据表 3-15 所给资料绘制洛伦茨曲线。

表 3-15 某地区某年家庭收入分布情况(1)

收入水平	最低	较低	中等	较高	最高	合计
人口数/万人	127.05	297.26	479.30	116.19	6.57	1 026.37
月收入/万元	16 512.69	47 359.46	102 747.54	35 834.16	11 638.05	214 091.90

首先,根据表 3-13 列表计算有关数据得表 3-16。在表 3-16 中,绝对公平就是所占收入的比例应该等于其所占人口的比例,即庚列应该等于戊列;绝对不公平就是最富有的人占有全部收入,其他人不占有任何收入,即辛列最后一组是 100%,其他组都是 0。现以人口数的累计比例为横轴,月收入的累计比例为纵轴,以戊、己两列的数据为坐标点绘制曲线,该曲线即洛伦茨曲线,如图 3-4 所示。

在图 3-4 中,虚线即洛伦茨曲线,点线为绝对公平线,洛伦茨曲线与绝对公平线之间围成的面积表示收入分配的公平程度,该面积越小表示越公平。著名的基尼系数在数值上等于该面积的2倍,据联合国有关组织规定:基尼系数小于0.2表示绝对平均,在0.2~0.3之间表示比较平均,在0.3~0.4之间表示相对合理,在0.4~0.5之间表示有较大差距,在0.6以上表示差距悬殊。

表3-16 某地区某年家庭收入分布情况(2)

收入水平	人口数/万人	月收入/万元	比例/%		累计比例/%			
			人口数	月收入	人口数	月收入	绝对公平	绝对不公平
	甲	乙	丙	丁	戊	己	庚	辛
最低	127.05	16 512.69	12.38	7.71	12.38	7.71	12.38	0
较低	297.26	47 359.46	28.96	22.12	41.34	29.83	41.34	0
中等	479.30	102 747.54	46.70	47.99	88.04	77.82	88.04	0
较高	116.19	35 834.16	11.32	16.74	99.36	94.56	99.36	0
最高	6.57	11 638.05	0.640	5.44	100.00	100.00	100.00	100
合计	1 026.37	214 091.90	100.00	100.00	—	—	—	—

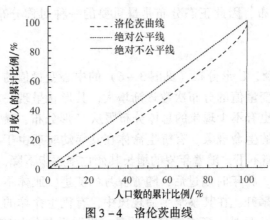

图3-4 洛伦茨曲线

随着经济的发展,洛伦茨曲线不仅应用于收入分配、社会财富分配等方面,它还逐步拓展到其他社会经济现象,用来分析和反映总体单位标志分布的集中状况,具体包括是否存在集中和集中的程度,如地区企业中各种指标的构成与分布情况,钢铁产量和铁矿石资源是否都集中到了大型钢铁公司。

3.3.4 数列的分布类型

由于社会经济现象的性质不同,各种统计总体一般总是服从于不同类型的次数分布,根据次数分布的分布特征,可以将其划分为钟形分布、U形分布和J形分布三种主要类型。

1. 钟形分布

钟形分布类似于一口大钟的纵截面,如图3-5所示。其主要特征是两头小,中间大,即靠近中间的变量值分布的次数多,靠近两边的变量值分布的次数少。根据是否对称,钟形分布可划分为左偏分布(见图3-5(a))、对称分布(见图3-5(b))和右偏分布(见

图3-5（c））。左偏分布是指较小标志值的分布次数较少，即钟形分布有一条较长的拖向左边的尾巴，又称负偏分布；右偏分布是指较大标志值的分布次数较少，即钟形分布有一条较长的拖向右边的尾巴，又称正偏分布；对称分布以中心标志值（此标志值的分布次数最大）为对称轴，其他标志值分别位于对称轴的两侧，并随着与对称轴的距离的增加其分布次数逐渐减少。

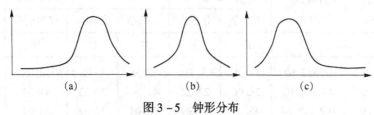

图3-5 钟形分布

(a) 左偏分布；(b) 对称公布；(c) 右偏分布

在客观实际中，许多社会现象的总体分布都服从钟形分布，即呈现出中间多两端少的自然现象。例如，农作物单位面积产量分布、商品市场价格分布、机器袋装食品公差分布以及人的身高、体重等所有的测量和观测误差分布都是服从钟形分布的，而大多数钟形分布又都趋于正态分布，因此正态分布是最重要的一种对称分布，在统计分析中具有重要的意义。

2. U形分布

恰好与钟形分布相反，U形分布（见图3-6）的中心变量值的分布次数最小，两端的变量值的分布次数逐渐增大，其形状呈现一个U字形。客观世界中也有不少现象的总体分布服从U形分布，最典型的就是有机生命体的生命现象。有机生命体在其年幼时期由于抵抗力较弱，死亡率居高不下，随着年岁的增长其死亡率逐步下降，直至壮年时期达到最低，壮年时期过后，随着岁月的流逝，肌体不断老化，死亡率又逐步攀升，在其整个生命现象中，有机生命体的

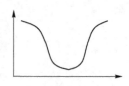

图3-6 U形分布

生命现象服从U形分布。另外，还有产品的质量、机器设备的故障等分布也都服从U形分布。

3. J形分布

在社会经济现象中，也有一些统计总体分布曲线呈J字形，我们把这种分布称为J形分布。根据频数与变量值的增长关系，可将J形分布分为正J形分布和反J形分布。正J形分布如图3-7（a）所示，分布次数是随着变量值的增大而增多；反J形分布如图3-7（b）所示，分布次数随着变量值的增大而减少。例如，利润率按投资大小分布，经济学中的需求曲线是反J形分布；成本总额按产量高低分布，经济学中的供给曲线是正J形分布。

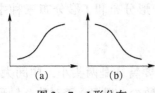

图3-7 J形分布

(a) 正J形分布；(b) 反J形分布

统计学研究的是客观现象总体，尽管客观现象总体的分布是确定的，是客观存在的，但是由于客观现象总体的大量性，通常情况下我们无法得知客观现象总体的分布。不过，我们可以按照随机原则从总体中获取样本，可以通过研究样本分布来推断总体的分布规律。因此，确定总体分布规律是统计学研究的一项重要课题。

3.4 数据显示

我们常常利用统计图表来显示搜集到的统计数据，一张好的统计图表具有较强的直观性和形象性，远胜于枯燥的文字叙述。因此，在这里简单介绍如何利用统计图表进行数据显示。

3.4.1 未分组数据的图表显示

未分组数据即原始数据，是指没有经过统计分组处理的数据。常用来显示这一类数据的统计图表有茎叶图和箱线图等。

1. 茎叶图

茎叶图（Stem-and-Leaf Display）是指由"茎"和"叶"两部分组成的，反映原始数据分布的图形。通过茎叶图，可以看出数据的分布形状及数据的离散情况。例如，分布是否对称，数据是否集中、是否存在离群点等。

绘制茎叶图时，通常是把一个数据分解成"树茎"和"树叶"两个部分，而设置好树茎是绘制茎叶图的关键。一般情况下，将数据的高位数字作为树茎，数据的最后一个数字作为树叶。例如，将 97 分解成 9|7，将 197 分解成 19|7 等。

【例 3-7】为了了解某国汽车制造商的汽车研发费用，重点抽查了 21 家汽车制造商的汽车研发费用（单位：百万元），具体如下：

44、36、44、51、76、41、59、43、36、46、65、30、49、56、45、22、47、68、45、52、47。

要求：绘制汽车研发费用的茎叶图。

解：根据上述数据绘制茎叶图，如图 3-8 所示。

茎叶图既能给出数据的分布情况，又能给出每一个原始数值，即保留了原始信息。从图 3-8 可知，大部分制造商的研发费用在 40 百万~50 百万元，同时又保留了原始的具体数值。但是，对于中型或大型数据而言，编制的茎叶图中每根"树茎"上的"叶子"就会很多，同时树茎总是被定义成 1~2 位整数，所以它不能包含复杂的信息。因此，茎叶图只适用于较少的数据。

树茎	树叶	数据个数/个
2	2	1
3	066	3
4	1344556779	10
5	1269	4
6	58	2
7	6	1

图 3-8 汽车研发费用茎叶图

2. 箱线图

箱线图（Box Plot）是指根据一组数据的五个特征值绘制而成的，反映原始数据分布情况的图形。根据箱线图所采用的数据的五个特征值的类型不同，箱线图可以划分为中位数/四分位数/极差（median/quartile/range）箱线图、均值/标准误差/标准差（mean/SE/SD）箱线图、均值/标准差/1.96 倍标准差（mean/SD/1.96SD）箱线图和均值/标准误差/1.96 倍标准误差（mean/SE/1.96SE）箱线图等四种类型。这些箱线图中所采用的各种指标的计算可分别参见第三章和第四章。在这些箱线图中，中位数/四分位数/极差箱线图是较为常用的箱线图，本书将重点介绍这种箱线图的绘制。

中位数/四分位数/极差箱线图采用的是中位数、上四分位数、下四分位数、最大值和最小值，如图 3-9 所示。它的具体绘制步骤为：首先，以上四分位数与下四分位数的距离

（即四分位差）为边长画矩形以代表箱子；其次，在箱子中相应位置画出中位数；最后，在箱子两端的外侧相应位置画出最大值和最小值，并用直线将其与箱子相连接即可。

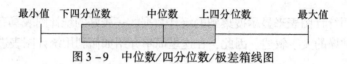

图 3-9　中位数/四分位数/极差箱线图

【例 3-8】某家电公司为了了解日销售额情况，对第一季度的日销售额进行了初步统计分析。经分析得知，该公司第一季度日销售额的中位数、上四分位数、下四分位数、最大值和最小值分别为 25、30、15、57、11，单位为万元。

试绘制日销售量的中位数/四分位数/极差箱线图。

解：根据所给资料绘制中位数/四分位数/极差箱线图，如图 3-10 所示。

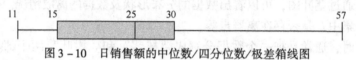

图 3-10　日销售额的中位数/四分位数/极差箱线图

上述中位数/四分位数/极差箱线图都是分析一批数据或是一个标志的情况，当有多批数据或是多个标志需要进行对比分析时，为了便于它们之间的比较分析和美观，也可以将中位数/四分位数/极差箱线图竖置。

【例 3-9】为了全面了解我国煤炭行业企业的经营状况，重点抽查了部分企业的相关数据，有关资料如表 3-17 所示。

试编制我国煤炭行业企业经营状况的中位数/四分位数/极差箱线图。

解：首先，根据表 3-17 计算中位数、上四分位数、下四分位数、最大值和最小值，结果如表 3-18 所示（具体计算方法详见第三章），然后根据这些数据绘制中位数/四分位数/极差箱线图，结果如图 3-11 所示。

表 3-17　我国煤炭行业部分企业经营情况

公司	净利润增长率/%	销售毛利率/%	销售净利率/%	净资产收益率/%	每百股收益/元
兰花科创	15.25	44.20	23.90	14.46	119
潞安环能	35.45	30.89	13.57	14.56	102
国阳新能	80.94	19.36	9.43	17.62	91
大同煤业	28.01	50.99	16.02	10.07	87
中国神华	12.94	52.38	27.99	10.31	80
恒源煤电	0.11	26.89	10.14	6.93	58
西山煤电	5.57	44.07	22.55	13.91	54
盘江股份	142.44	32.36	17.70	8.30	47
露天煤业	31.26	40.94	23.75	18.23	45
国投新集	21.73	37.63	18.38	8.27	26
平庄能源	39.00	36.14	19.64	9.34	25

表3-18 我国煤炭行业部分企业经营情况特征值

特征值	净利润增长率/%	销售毛利率/%	销售净利率/%	净资产收益率/%	每百股收益/元
上分位数	37.23	44.14	23.15	14.51	89
最大值	142.44	52.38	27.99	18.23	119
最小值	0.11	19.36	9.43	6.93	25
下分位数	14.10	31.63	14.80	8.82	46
中位数	28.01	37.63	18.38	10.31	58

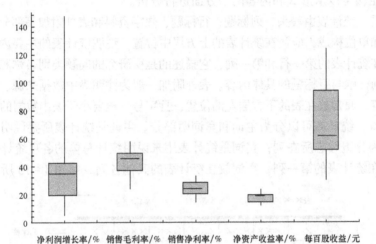

图3-11 我国煤炭行业经营情况中位数/四分位数/极差箱线图示例

箱线图种类很多，应用范围也很广，股票分析中常用的 K 线图实质上也是箱线图之一。只不过 K 线图是用开盘价和收盘价做箱体，用最高价和最低价做线形绘制而成的箱线图，如图3-12所示。

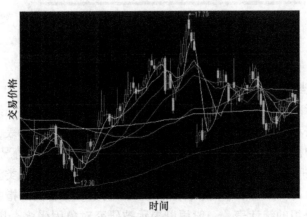

图3-12 股票分析箱线图（K 线图）示例

3.4.2 分组数据的图表显示

通常情况下,我们面对的是经过统计分组后的资料。因此,如何通过统计图表来将这些经过分组后的资料显示出来,就显得尤为重要。

1. 统计表

统计表(Statistics Table)有广义和狭义之分,它们都是显示统计数据的基本工具之一。广义的统计表是指各个统计工作阶段中所使用的一切表格,包括调查表、汇总表和时间数列表等;狭义的统计表专指分析表和容纳各种统计资料的表格,它能清楚地、有条理地显示统计资料,直观地反映统计分布的特征,是进行统计分析的重要工具。

1) 统计表的结构

统计表的结构可以从形式和内容两个方面进行分析。

从形式上看,统计表由表头、列标题、行标题、数字资料和表外附加等部分组成。表头由标号、总标题和单位构成,应放在统计表的上方居中位置,说明统计表的主要内容。列标题与行标题通常放在统计表的第一行和第一列,它描述的是所研究的问题类别名称和变量名称。数字资料是表中列标题与行标题的具体内容。表外附加一般为注明表中数据来源、变量注释和必要的说明等内容,通常放在表的下方居左的位置,且字号一般要小于表中数据的字号。

从内容上看,统计表可以分为主词和宾词两部分。主词是统计表所要说明的总体及其组成部分,一般为分组标志所在列;宾词是统计表用来说明统计总体的各项统计指标。一般情况下,主词放在统计表的第一列,宾词放在统计表的其他各列,如图3-13所示。

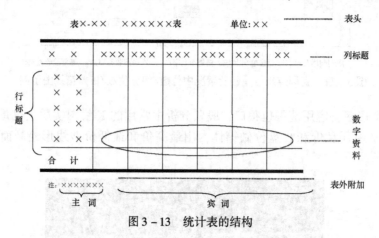

图3-13 统计表的结构

2) 统计表的分类

统计表的分类标准有很多,本书重点介绍按主词结构进行的分类。统计表按主词结构可分为简单表、分组表和复合表。简单表是指主词未经任何分组的统计表,一般用来比较各单位、各地区和国家的社会经济现象情况,或者说明某些现象的发展情况,如表3-17所示。分组表是指主词只按一个标志进行分组的统计表,一般用以揭示不同类型现象的特征、说明现象的内部结构和分析现象的依存关系,如表3-19所示。复合表是指主词按两个(或更多个)标志进行层叠分组的统计表,一般用以揭示被研究对象因受多个因素的共同影响而产生的变化情况,因而复合表能更深刻、更详细地反映客观现象的特征及其规律性,如表3-20所示。

表 3-19 20××年××市地区生产总值及增长速度

指标	绝对数/亿元	比上年增长/%
第一产业	335.40	4.5
第二产业	4 396.17	10.3
工业	3 645.32	10.3
建筑业	750.85	10.2
第三产业	4 319.70	10.0
生产总值	9 051.27	10.0

表 3-20 某地区 20××年全部金融机构存贷款余额情况   单位：万亿元

余额种类	企业			居民			合计
	短期	中长期	小计	短期	中长期	小计	
存款	6.325 3	3.849 8	10.175 1	4.596 7	10.108 7	14.705 4	28.880 5
贷款	7.132 7	13.551 1	20.683 8	0.978 9	3.956 7	4.935 6	25.619 4

3）统计表的设计

虽然研究者的目的和统计数据的特点不同，会使统计表的设计在形式和内容上有较大差异，但是统计表在设计上的基本要求是一致的。

（1）形式上的基本要求。尽管计算机的应用使现在对统计表在形式上的要求越来越少，但是"科学、适用、简练、美观"仍然是设计和使用统计表所要求的。

首先，要合理安排统计表的结构。行标题、列标题和数字资料的位置要合理安排，在强调重点标题的同时，应使统计表的长度与宽带之间保持恰当的比例，避免出现过高或过宽的表格形式。

其次，线条的绘制要注意美观大方。一般而言，统计表的首尾两条横线应当加粗，而其他线条则应该使用细线。与此同时，贯穿整个统计表的横线不宜太多，一般为 3 条或 4 条；竖线的使用应该服从每两个相邻的列标题之间都应用竖线隔开的原则，但是要注意统计表的左右两端不得封口。

再次，合计栏的位置应摆放得恰当。当需要对各列标题计算合计项时，应该将合计项放在统计表的最后一行；当需要对各行标题计算合计项时，应该将合计项放在统计表列标题的最前一列或最后一列。

最后，栏数的编号应当规范。如果栏数较多，需要对其按照顺序编号，则一般应当遵循这样的原则，即主词栏目的编号分别以"甲、乙、丙、丁……"为序号，宾词栏目的编号分别以"（1）、（2）、（3）、（4）……"为序号。如果需要表明各列之间的数量关系，则还可以编号为代码进行辅助说明。例如，（3）=（1）×（2），（3）=（1）×（2）+（4）等。

（2）内容上的基本要求。统计表中的内容应当填写合理，便于比较。

首先，表头和标题设计应当简明扼要、精炼准确。表头的设计包含表号、总标题和表中数据的单位等内容。表号是指统计表的编号，应该按照统一的原则对统计表进行编号；总标题是对统计表内容的简明确切的概括，一般应遵循 3W 原则，即要表明统计数据的时间

（When）、地点（Where）和何种数据（What）。当统计表中所有数据使用同一个计量单位时，表头还应注明表中数据的单位，一般将此部分放在统计表的右上角；当统计表中的数据使用的不是同一个计量单位时，则应该在相应的列标题（或行标题）中注明数据的单位，也可以单一列出一列表明数据的单位。

其次，指标数值的填写应当规范。表中数据应当填写整齐，当有小数点时，小数点的位数应当保持一致；当数值本身为0或因为数值太小而忽略不计时，应当填写为"0"；当某项数值缺损时，应当填写"…"；当某处不应有数值出现时，应当填写"—"；当有与附近相同数值出现时，应当重新填写，而不能简单填写为"同左"或"同右"或"同××"等字样。

2. 直方图

直方图（Histogram）是指用矩形的宽度和高度来表示频数分布的图形。在绘制直方图时，通常用横轴表示频数分布的变量，用纵轴表示频数分布的频数或频率。如果直方图的纵轴表示次数分布的频数，则称该直方图为频数直方图；如果直方图的纵轴表示次数分布的频率，则称该直方图为频率直方图。如果需要同时绘制频数直方图和频率直方图，那么一般情况下会将这两种直方图绘制在同一坐标轴中。

绘制直方图时，通常需要辨别数列是等距数列还是异距数列。如果是等距数列，则纵轴表示频数分布的频数或频率；如果是异距数列，则纵轴表示频数分布的标准组距频数或标准组距频率，或频数密度，或频率密度。对于等距数列，以每一组的组距为宽、每一组的频数或频率为高画矩形，画完所有组的矩形后形成的图形便是该等距数列的直方图；对于异距数列，以每一组的组距为宽、每一组的标准组距频数或标准组距频率（或频数密度，或频率密度）为高画矩形，画完所有组的矩形后形成的图形便是该异距数列的直方图。可根据表3-11绘制如图3-14所示的等距数列直方图，可根据表3-13绘制如图3-15所示的异距数列直方图。

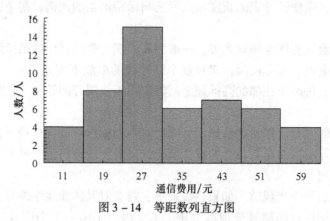

图3-14 等距数列直方图

实际上，通常用矩形的面积来表示数列各组的频数分布。因为在异距数列中，一组矩形的高度不再表示该组的实际分布次数或实际频率，而是标准组距频数或频率。为了使等距数列和异距数列一致，用矩形的高度来表示数列每组的标准组距频率，则直方图所围成的面积之和等于1。因此，实际中大多用直方图的面积来表示数列的频数分布。通常情况下，直方图常用于定距数据和定比数据的图表表示。

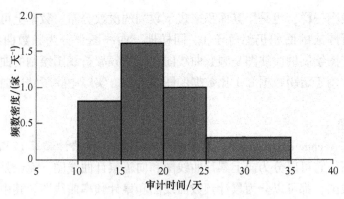

图 3-15　异距数列直方图

3. 折线图

折线图（Line）与直方图有着十分密切的关系，它是在直方图的基础上演变而来的。将直方图中所有矩形的顶端中点和第一个矩形与最后一个矩形的外边中点用直线连接起来，并延伸至横轴，这些直线所围成的图形便称为折线图，又称为频数多边形图（Frequency Polygon）。

图 3-16 所示为根据图 3-14 绘制而成的，由这些折线与横轴而围成的面积仍然等于 1。因此，折线图也是用面积来表示数列的次数分布。折线图分为频数折线图和频率折线图，依据频数直方图绘制的折线图是频数折线图，依据频率直方图绘制的折线图是频率折线图，它们也都常常用于定距数据和定比数据的图表表示。

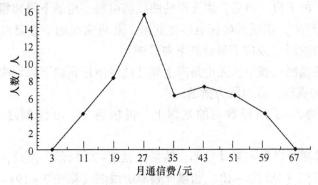

图 3-16　月通信费用折线图

4. 曲线图

曲线图（Curve）与折线图的关系十分密切，也与直方图有着非常密切的联系。曲线图是在折线图的基础上演变而来的，将折线图中的直线改为平滑的曲线，就形成了相应的曲线图。图 3-17 所示为根据图 3-16 绘制而成的月通信费用曲线图。

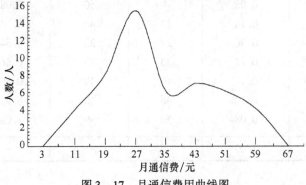

图 3-17　月通信费用曲线图

曲线图和折线图一样，也是用其面积来表示数列的次数分布。数学上可以证明，曲线图中的曲线和横轴所围成的面积仍然等于1。同样地，曲线图也分为频数曲线图和频率曲线图，依据频数折线图绘制的曲线图是频数曲线图，依据频率折线图绘制的曲线图是频率曲线图，它们也都常常用于定距数据和定比数据的图表表示。实际中除了常用曲线图之外，还常用累计曲线图。

5. 累计曲线图

累计曲线图（Accumulative Curve）是依托累计频数（或累计频率）和上限（或下限）绘制而成的曲线图，它可以分为向上累计曲线图和向下累计曲线图。无论是向上累计曲线图还是向下累计曲线图，都可以分为累计频数曲线图和累计频率曲线图。其中，依据累计频数绘制的曲线图是累计频数曲线图，依据累计频率绘制的曲线图是累计频率曲线图，它们也都常常用于定距数据和定比数据的图表表示。不过，它们也可以用于定序数据的图表表示，但是不能用于定类数据的图表表示。

向上累计曲线图的编制步骤是：首先，计算每一组的向上累计频数和向上累计频率；然后，列出每一组相应的上限；最后，用光滑的曲线将由每一组的下限和相应的向上累计频数（或相应的向上累计频率）组成的坐标点连接起来，并将曲线的下方延伸至横轴，这样便形成了向上累计频数曲线图（或向上累计频率曲线图）。

向下累计曲线图的编制步骤是：首先，计算每一组的向下累计频数和向下累计频率；然后，列出每一组相应的下限；最后，用光滑的曲线将由每一组的下限和相应的向下累计频数（或相应的向下累计频率）组成的坐标点连接起来，并将曲线的下方延伸至横轴，这样便形成了向下累计频数曲线图（或向下累计频率曲线图）。

在累计曲线图的编制过程中，无论是向上累计曲线图还是向下累计曲线图，都以累计频数（或累计频率）为纵轴，以组限为横轴。

【例3-10】在例3-2所得数列的基础上，根据表3-10绘制月平均消费的累计曲线图。

解：首先，计算累计频数和累计频率，结果如表3-21所示；然后，根据表3-21的数据绘制累计频数曲线图（见图3-18）和累计频率曲线图（见图3-19）。

表3-21 月平均通信费用分布

月平均通信费/元	频数 (f)	频率 ($f/\Sigma f$)	累计频数		累计频率	
			较小累计	较大累计	较小累计	较大累计
15以下	4	0.08	4	50	0.08	1.00
15~23	8	0.16	12	46	0.24	0.92
23~31	15	0.30	27	38	0.54	0.76
31~39	6	0.12	33	23	0.66	0.46
39~47	7	0.14	40	17	0.80	0.34
47~55	6	0.12	46	10	0.92	0.20
55以上	4	0.08	50	4	1.00	0.08
合计	50	1.00	—	—	—	—

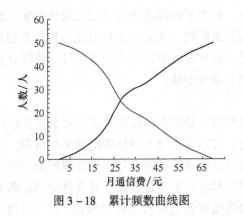
图 3-18　累计频数曲线图

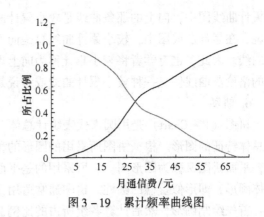
图 3-19　累计频率曲线图

在绘制累计曲线图时，为了便于比较和进行统计分析，通常将较小累计曲线图和较大累计曲线图绘制在同一平面直角坐标系中。在累计曲线图中，通常并没有表明（也不用表明）哪一条曲线是较小累计曲线图、哪一条曲线是较大累计曲线图，这就需要我们记住向上的那条曲线是较小累计曲线图、向下的那条曲线是较大累计曲线图。通过图 3-18 可以看出，月通信费用小于 27 元的人大约有 20 人，而月通信费用大于 27 元的人大约有 30 人。还可以通过图 3-19 看出，月通信费用小于 27 元的人所占比例大约为 0.4，而月通信费用大于 27 元的人所占比例大约为 0.6。

由此可见，要想看懂累计曲线图，那么知道哪一条曲线是较小累计曲线图、哪一条曲线是较大累计曲线图是非常重要的。不过，即使记不清哪个是较小累计曲线图、哪个是较大累计曲线图，也不用着急，这里有一个简便方法（即端点值规则）可供辨别。端点值规则分为左端点值规则和右端点值规则。

左端点值规则：如果曲线的端点与横轴相交，则表示该条曲线为较小累计曲线。因为，此时累计频数（或累计频率）为 0 而变量值最小，不可能是大于最小变量值的累计频数（或累计频率）为 0，故只能是小于最小变量值的累计频数（或累计频率）为 0，如图 3-18 和图 3-19 中向上的那条曲线便是较小累计曲线；如果曲线的端点不是与横轴相交而是远离横轴，则表示该条曲线为较大累计曲线。因为此时累计频数（或累计频率）为最大而变量值最小，不可能是小于最小变量值的累计频数（或累计频率）达到最大，故只能是大于最小变量值的累计频数（或累计频率）达到最大，如图 3-18 和图 3-19 中向下的那条曲线便是较大累计曲线。

右端点值规则：如果曲线的端点与横轴相交，则表示该条曲线为较大累计曲线。因为此时的累计频数（或累计频率）为 0 而变量值最大，不可能是小于最大变量值的累计频数（或累计频率）为 0，故只能是大于最大变量值的累计频数（或累计频率）为 0，如图 3-18 和图 3-19 中向下的那条曲线便是较大累计曲线。如果曲线的端点不是与横轴相交而是远离横轴，则表示该条曲线为较小累计曲线。因为此时累计频数（或累计频率）为最大而变量值最大，不可能是大于最大变量值的累计频数（或累计频率）达到最大，故只能是小于最大变量值的累计频数（或累计频率）达到最大，如图 3-18 和图 3-19 中向上的那条曲线便是较小累计曲线。

无论是从左端点值规则来看还是从右端点值规则来看，我们都可以得出相同的结论，即在累计曲线图中，向上的那条曲线是较小累计曲线，而向下的那条曲线是较大累计曲线；或者说，在累计曲线图中，较小累计曲线总是向上的那条曲线，而较大累计曲线总是向下的那条曲线。因此，也有学者将较小累计称为向上累计，而将较大累计称为向下累计。前面介绍过的洛伦茨曲线便是一种较小累计曲线或者说是向上累计曲线。

6. 饼图

饼图（Pie Chart）是用圆来代表统计总体，使用圆形及圆内扇形的角度的大小来显示统计总体特征的图形。根据饼图所采用的圆形的种类，可以将其分为立体饼图和平面饼图。其中，平面饼图又称为圆形图，它所采用的是平面圆形，即普通的圆；而立体饼图所采用的是立体圆形，即形似蛋糕的圆柱。饼图通常适用于定类和定序数据的显示，其具体绘制步骤如下：首先绘制圆形，然后计算各组所占的比例，最后按照各组所占的比例乘以360。所得到的角度数将圆形划分为若干不同的部分。

【例3-11】一家市场调查公司为研究不同品牌饮料的市场占有率，随机调查了一家超市。调查员在某天记录了50名顾客所购买饮料的品牌，记录的原始数据如表3-22所示。

要求：试根据资料绘制饼图。

表3-22　不同品牌饮料的市场占有情况

饮料	瓶数/瓶	比例/%
汇源果汁	6	12
百事可乐	9	18
露露	9	18
旭日升冰茶	11	22
可口可乐	15	30

根据表3-22绘制的饼图，如图3-20和图3-21所示。

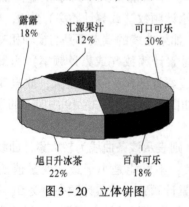

图3-20　立体饼图

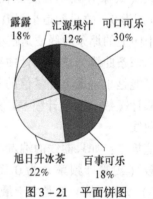

图3-21　平面饼图

7. 环形图

环形图（Doughnut Chart）是用圆环来代表统计总体，使用环中的每一小段来显示统计总体特征的图形。环形图与饼图类似，它们都是借用圆来显示数据的，但不同的是，环形图所使用的圆是空心的，并且能够用来显示多个统计总体的数据资料；而饼图所使用的圆是实心的，只能用来显示一个统计总体的数据资料。

与饼图一样，环形图也通常适用于定类和定序数据的显示。其具体绘制步骤如下：首先绘制圆环，有几个总体就绘制几个圆环，一个圆环代表一个总体；然后分别计算每一个总体中各组所占的比例；最后按照各组所占的比例乘以 360。所得到的角度数将圆环划分为若干不同的小段。

【例 3-12】 在一项城市住房问题的研究中，研究人员在南方甲、乙两个城市中各抽样调查了 300 户，其中的一个问题是："您对您家庭目前的住房状况是否满意？"，其结果如表 3-23 所示。

要求：试根据上述资料绘制环形图。

根据上述资料绘制的环形图如图 3-22 所示。

表 3-23　甲、乙城市家庭对住房状况评价的频数分布

回答类别	甲城市		乙城市	
	户数/户	所占比例	户数/户	所占比例
非常不满意	24	0.08	21	0.07
不满意	108	0.36	99	0.33
一般	93	0.31	78	0.26
满意	45	0.15	63	0.21
非常满意	30	0.10	39	0.13
合计	300	1.00	300	1.00

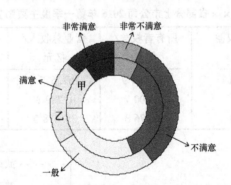

图 3-22　甲、乙城市家庭对住房状况评价环形图

8. 线图

线图（Line Plot）是指在平面直角坐标系中用折线显示数据变化特征的图形，它主要用于展示不同时间上取得的数据的变化特征。线图可以用来显示多个总体的某一指标或某一总体的多个指标的变化特征。

【例 3-13】 在一项居民人均收支的研究中，研究人员收集了某地区 2011—2018 年共八年的人均收支记录，如表 3-24 所示。

表 3-24　某地区 2011—2018 年人均收支记录

年份	2011	2012	2013	2014	2015	2016	2017	2018
人均收入/元	1 700.6	2 026.6	2 577.4	3 496.2	4 283.0	4 838.9	5 160.3	5 425.1
人均支出/元	708.6	784.0	921.6	1 221.0	1 577.7	1 926.1	2 091.1	2 162.0

要求：试根据上述资料绘制线图。

根据上述资料绘制的线图如图 3-23 所示。

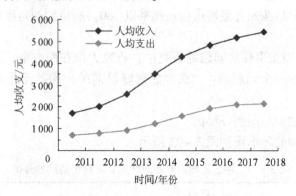

图 3-23　某地区 2011—2018 年人均收支线图

9. 雷达图

雷达图（Radar Chart）是指用由若干条从圆心出发的夹角相等的半径组成的坐标轴来表示若干个总体的某一指标或某一总体的若干个指标的分布特征的图形。雷达图的绘制方法是：先根据指标个数或总体个数将圆等分后保留半径，然后以各条半径为坐标轴，最后将所有标志值描绘在相应的坐标轴上，并将统一总体的指标取值用直线连接起来。

【例 3-14】表 3-25 所示为××省部分上市公司 2016 年第一季度的相关数据，图 3-24 所示为根据表 3-25 绘制的雷达图。

表 3-25　××省部分上市公司 2016 年第一季度主要财务数据统计

证券简称	负债及股东权益/亿元	所有者权益/亿元	营业总收入/亿元	利润总额/千万元	净利润/千万元
武钢股份	701.592 1	274.894 9	157.655 7	224.704 5	20.451 7
楚天高速	29.999 7	24.100 7	1.729 3	10.063 4	7.547 6
葛洲坝	268.014 4	52.776 3	35.478 5	20.509 5	19.758 4

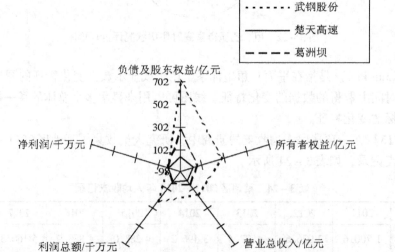

图 3-24　××省部分上市公司 2016 年第一季度数据雷达图

统计图广泛应用于经济领域和管理领域的统计分析中,为了便于对这些问题进行统计分析,除了本书介绍的上述九种统计图形外,还有很多其他图形,如气泡图、过程控制图、象形图和统计地图等。限于篇幅,本书不再对这些图形做详细介绍,有兴趣的读者可以参考有关文献书籍。

思考练习题

一、单项选择题

1. 统计分组就是根据统计研究的目的,按照一个或几个分组标志( )。
   A. 将总体分成性质相同的若干部分
   B. 将总体分成性质不同的若干部分
   C. 将总体划分成数量相同的若干部分
   D. 将总体划分成数量不同的若干部分

2. 按某一标志分组的结果,表现出( )。
   A. 组内同质性和组间差异性
   B. 组内差异性和组间差异性
   C. 组内同质性和组间同质性
   D. 组内差异性和组间同质性

3. 对某一总体( )。
   A. 只能按一个标志分组
   B. 只能按一个指标分组
   C. 可以按多个标志分组
   D. 根据需要可以按一个标志分组,也可以按多个标志分组

4. 组距、组限和组中值之间的关系是( )。
   A. 组距 = (上限 – 下限) ÷ 2
   B. 组中值 = (上限 + 下限) ÷ 2
   C. 组中值 = (上限 – 下限) ÷ 2
   D. 组限 = 组中值 ÷ 2

5. 就某一变量数列而言,组距和组数的关系是( )。
   A. 组距大小与组数多少成反比
   B. 组距大小与组数多少成正比
   C. 组距大小与组数多少无关
   D. 组数越多,组距越大

6. 某连续变量数列,其末组为开口组,下限为 500,又知其邻组组中值为 480,则末组组中值为( )。
   A. 490   B. 500   C. 510   D. 520

7. 变量数列是( )。
   A. 按数量标志分组的数列
   B. 按品质标志分组的数列
   C. 按数量标志或质量分组的数列
   D. 组距式数列

8. 统计分组的关键在于( )。
   A. 正确选择不同特征的品质标志和数量标志
   B. 确定组距
   C. 选择统计指标和统计指标体系
   D. 选择分组标志和划分各组界限

9. 按连续变量分组,第一组 45~55,第二组 55~65,第三组 65~75,第四组 75 以上,则( )。
   A. 55 在第一组
   B. 65 在第二组
   C. 65 在第三组
   D. 75 在第三组

10. 某同学考试成绩为 80 分，应将其计入（　　）。
   A. 成绩为 80 分以下人数中　　　　B. 成绩为 70~80 分的人数中
   C. 成绩为 80~90 分的人数中　　　　D. 根据具体情况来具体确定

二、问答题

广州市对销量较大的捷达、桑塔纳、凯越三种品牌的轿车进行了问卷调查，共发放调查问卷 300 份，对收回的 265 份调查问卷进行了整理，部分数据如下：

(1) 最近一次购买各品牌轿车的用户比例如下图：

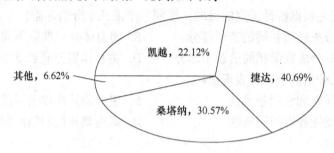

(2) 用户对各品牌轿车满意情况汇总如下表：

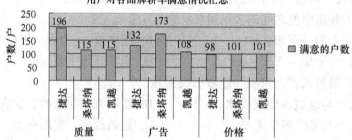

结合上述信息回答下列问题：
(1) 捷达品牌轿车的主要竞争优势是什么？请简要说明理由。
(2) 广告对用户选择品牌有影响吗？请简要说明理由。
(3) 你对凯越厂家有何建议？

实训项目

收集本班上一学期某门课程的成绩，按 60 分以下，60~70 分，70~80 分，80~90 分，90~100 分为五组，制作成统计表，并绘制直方图。

第四章

统计指标分析

任务引入

2017年年末，全国大陆总人口139 008万人，比上年末增加737万人，其中城镇常住人口81 347万人，占总人口比例（常住人口城镇化率）为58.52%，比上年末提高1.17%。户籍人口城镇化率为42.35%，比上年末提高1.15%。全年出生人口1 723万人，出生率为12.43‰；死亡人口986万人，死亡率为7.11‰；自然增长率为5.32‰。

全年居民消费价格比上年上涨1.6%；工业生产者出厂价格上涨6.3%；工业生产者购进价格上涨8.1%；固定资产投资价格上涨5.8%；农产品生产者价格下降3.5%。

全年粮食种植面积11 222万公顷①，比上年减少81万公顷。其中，小麦种植面积2 399万公顷，比上年减少20万公顷；稻谷种植面积3 018万公顷，比上年减少0.2万公顷；玉米种植面积3 545万公顷，比上年减少132万公顷。棉花种植面积323万公顷，比上年减少12万公顷。油料种植面积1 420万公顷，比上年增加7万公顷。糖料种植面积168万公顷，比上年减少1万公顷。

全年全社会固定资产投资641 238亿元，比上年增长7.0%。其中固定资产投资（不含农户）631 684亿元，增长7.2%。分区域看，东部地区投资265 837亿元，比上年增长8.3%；中部地区投资163 400亿元，比上年增长6.9%；西部地区投资166 571亿元，比上年增长8.5%；东北地区投资30 655亿元，比上年增长2.8%。

（资料来源：《中华人民共和国2017年国民经济和社会发展统计公报》）

思考：上述资料中包含了哪些统计指标？

学习目标

(1) 了解总量指标的概念及计量单位。

(2) 掌握总量指标及时期指标和时点指标。

---

① 1公顷＝10 000平方米。

(3) 掌握相对指标及结构相对指标、比例相对指标、比较相对指标、强度相对指标、计划完成程度相对指标和动态相对指标。

(4) 掌握平均指标及简单算术平均数、加权算术平均数、简单调和平均数、中位数和众数。

(5) 掌握标志变异指标及全距、标准差、标准差系数。

4.1 总量指标

4.1.1 总量指标的概念

总量指标是用来反映社会经济现象在一定条件下的总规模、总水平或工作总量的统计指标。总量指标用绝对数表示,也就是用一个绝对数来反映特定现象在一定时间上的总量状况,它是一种最基本的统计指标。例如,《2017年国家统计公报》资料:2017年年末全国大陆总人口为139 008万人,全年粮食种植面积11 222万公顷,全年全社会固定资产投资为641 238亿元等,这些都是说明2017年全国在人口、粮食种植面积和生产建设方面的总规模或总水平的总量指标。由于总量指标的表现形式为绝对数,因此,总量指标又叫统计绝对数。

4.1.2 总量指标的种类

1. 总体单位总量和总体标志总量

按总量指标反映总体内容的不同,分为总体单位总量和总体标志总量。总体单位总量(即总体单位数)是反映总体或总体各组单位的总量指标。它是总体内所有单位的合计数,主要用来说明总体本身规模的大小。总体标志总量是反映总体或总体各组标志值总和的总量指标。它是总体各单位某一标志值的总和,主要用来说明总体各单位某一标志值总量的大小。例如,调查了解全国工业企业的生产经营状况,全国工业企业数就是总体单位总量,全国工业企业的职工人数、工资总额、工业增加值等都是总体标志总量。

总体单位总量和总体标志总量不是固定不变的,而是会随着研究目的和被研究对象的变化而变化。一个总量指标常常在一种情况下为总体标志总量,在另一种情况下则表现为总体单位总量。如上例的调查目的改为调查了解全国工业企业职工的工资水平,那么,全国工业企业的职工人数就不再是总体标志总量,而成了总体单位总量。

2. 时期指标和时点指标

按总量指标所反映的时间状况不同,分为时期指标和时点指标。

时期指标是反映现象在一定时期内发展过程的总量指标,如商品销售额、产品产量、产品产值等。时期指标无重复计算,可以累加,以说明较长时期内现象发生的总量,如年产值是月产值的累计数,表示年内各月产值的总和。时期指标数值的大小与时期长短有直接关系。一般情况下,时期越长数值越大,如年产值必定大于年内某月产值,但有些现象如利润等若出现负数,则可能出现时期越长数值越小的情况。时期指标的数值一般通过连续登记取得。

时点指标是反映现象在某一时点(瞬间)上所处状况的总量指标,如年末人口数、季末设备台数、月末商品库存数等。时点指标有重复计算,除在空间上或计算过程中可相加外,一般相加无实际意义,如月末人口数之和不等于年末人口数。时点指标数值与时点间隔长短没有直接关系,如年末设备台数并不一定比年内某月月末设备台数多。时点指标的数值通过间断登记取得。

3. 实物指标、价值指标和劳动量指标

按总量指标所采用计量单位不同,分为实物指标、价值指标和劳动量指标。

1) 实物指标

实物指标是用实物单位计量的总量指标。实物单位是根据事物的属性和特点而采用的计量单位,主要有自然单位、度量衡单位和标准实物单位。

自然单位是按照被研究现象的自然状况来度量其数量的一种计量单位,如人口以"人"为单位,汽车以"辆"为单位,牲畜以"头"为单位等。

度量衡单位是按照统一的度量衡制度的规定来度量其数量的一种计量单位,如煤炭以"吨"为单位,棉布以"尺"或"米"为单位,运输里程以"千米"为单位等。度量单位的采用主要是由于有些现象无法采用自然单位来表明其数量,如粮食、钢铁等;另外有些实物(如鸡蛋等)虽然也可以采用自然单位,但不如用度量衡单位准确方便。

标准实物单位是按照统一折算标准来度量被研究现象数量的一种计量单位,如将各种不同含量的化肥用折纯法折合成含量100%来计算其总量,将各种不同发热量的能源统一折合成千焦、千克的标准煤单位计算其总量等。在统计中,为了准确反映某些事物的具体数量和相应的效能,还有一种复合单位,即将两种计量单位结合在一起以乘积表示事物的数量,如货物周转量就是用"吨/千米"来表示铁路货运的工作量。

2) 价值指标

价值指标是用货币单位计量的总量指标。货币单位是用货币"元"来度量社会劳动成果或劳动消耗的计量单位,如国内生产总值、社会商品零售额、产品成本等,都是以"元"或扩大为"万元""亿元"来计量的。

价值指标具有广泛的综合性和概括性。它能将不能直接相加的产品数量过渡到能够相加,用以综合说明具有不同使用价值的产品总量或商品销售量等的总规模或总水平。价值指标广泛应用于统计研究、计划管理和经济核算之中。但价值指标也有其局限性,综合的价值量容易掩盖具体的物质内容,比较抽象。因此,在实际工作中,应注意把价值指标与实物指标结合起来使用,以便全面认识客观事物。

3) 劳动量指标

劳动量指标是用劳动量单位计量的总量指标。劳动量单位是用劳动时间表示的计量单位,如工日、工时等。工时是指一个职工做一个小时的工作;工日通常指一个职工做八小时的工作。

这种统计指标虽然不多,但常遇到。例如,工厂考核职工出勤情况,每天要登记出勤人数,把一个月的出勤人数汇总就不能用"人"来计量而应用"工日"来计算;又如,工厂实行计件工资制,要对每个零部件在每道工序上都规定劳动定额,假设某零件规定每小时生产60件,则每一件就是一个定额工分,某工人一天生产600件,即生产的产品为600定额工分,即10个定额工时。由于各企业的定额水平不同,劳动量指标不适宜在各企业间进行汇总,往往只限于企业内部的业务核算。

4.1.3 总量指标的作用

1. 总量指标是认识社会经济现象的起点

要想了解一个国家或一个地区的国民经济和社会发展状况,首先要准确掌握客观现象在一定时间、地点条件下的发展规模或水平,然后才能更深入地认识社会。例如,为了科学地指导国民经济和社会的协调发展,就必须通过总量指标正确地反映社会主义再生产的基本条件和国民经济各部门的工作成果,即反映中国土地面积、人口和劳动资源、自然资源、国民财富、钢产量、工业总产值、粮食产量、农业总产值、国民收入额以及教育文化等方面的发展状况。

2. 总量指标是实行社会经济管理的依据之一

一个国家或地区为更有效地指导经济建设,保持国民经济协调发展,就必须了解和分析各部门之间的经济关系。它虽然可以用相对数、平均数来反映,但归根结底还是需要掌握各部门在各个不同时间的总量指标。

3. 总量指标是计算相对指标和平均指标的基础

总量指标是统计整理汇总后,首先得到的能说明具体社会经济总量的综合性数字,是最基本的统计指标。相对指标和平均指标一般是由两个有联系的总量指标相对比而计算出来的,它们是总量指标的派生指标。总量指标计算是否科学、合理、准确,将会直接影响相对指标和平均指标的准确性。

4.1.4 总量指标的计算方法

1. 直接计算法

对研究对象用直接的计数、点数和测量等方法,登记各单位的具体数值加以汇总,得到总量指标。例如,统计报表或普查中的总量资料,基本上都是用直接计算法计算出来的。

2. 间接推算法

采用社会经济现象之间的平衡关系、因果关系、比例关系或利用非全面调查资料进行推算总量的方法称为间接推算法。例如,利用样本资料推断某种农产品的产量;利用平衡关系推算某种商品的库存量等。

4.1.5 总量指标统计的要求

1. 明确规定每项指标的含义和范围

正确统计总量指标的首要问题就是要明确规定每项总量指标的含义和范围。例如,要计算国内生产总值、工业增加值等总量指标,首先应清楚这些指标的含义和性质,才能据以确定统计范围和统计方法。

2. 注意现象的同质性

在计算实物指标的总量时,只有同质现象才能计算。同质性是由事物的性质或用途决定的。例如,我们可以把各种煤炭如无烟煤、烟煤、褐煤等看作一类产品来计算它们的总量,但不能把煤炭与钢铁混合起来计算。

3. 正确确定每项指标的计量单位

具体核算总量指标时,究竟采用哪一种计量单位,要根据被研究现象的性质、特点以及统计研究的目的而定，同时要注意与国家统一规定的计量单位一致，以便于汇总并保证统计资料的准确性。

4.2 相对指标

4.2.1 相对指标的概念和表现形式

相对指标又称"相对数"，是用两个有联系的指标进行对比的比值来反映社会经济现象数量特征和数量关系的综合指标。其数值有两种表现形式：无名数和复名数。无名数是一种抽象化的数值，多以系数、倍数、成数、百分数或千分数表示；复名数主要是用来表示强度的相对指标，以表明事物的密度、强度和普遍程度等。例如，人均粮食产量用"千克/人"表示，人口密度用"人/平方公里"表示等。

4.2.2 相对指标的种类和计算

相对指标按其作用不同可划分为六种：结构相对指标、比例相对指标、比较相对指标、强度相对指标、动态相对指标和计划完成程度相对指标。

1. 结构相对指标

结构相对指标是在对总体分组的基础上，以总体总量作为比较标准，求出各组总量占总体总量的比例，来反映总体内部组成情况的综合指标。

$$结构相对指标 = \frac{总体中的某一部分数值}{总体总数值} \times 100\% \qquad (4-1)$$

结构相对指标通常用来反映总体的结构和分布状况等。实际经济工作中常用的恩格尔系数、贡献率、合格率、市场占有率等都是结构相对指标。

知识链接

恩格尔系数（Engel's Coefficient）是食品支出总额占个人消费支出总额的比例。19世纪德国统计学家恩格尔根据统计资料，对消费结构的变化得出一个规律：一个家庭收入越少，家庭收入中（或总支出中）用来购买食物的支出所占的比例就越大；随着家庭收入的增加，家庭收入中（或总支出中）用来购买食物的支出比例则会下降。推而广之，一个国家越穷，每个国民的平均收入中（或平均支出中）用于购买食物的支出所占比例就越大；随着国家的富裕，这个比例呈下降趋势。

2. 比例相对指标

比例相对指标是总体中不同部分数量对比的相对指标，用以分析总体范围内各个局部、各个分组之间的比例关系和协调平衡状况。

$$比例相对指标 = \frac{总体中的某一部分数值}{同一总体中的另一部分数值} \times 100\% \qquad (4-2)$$

比例相对数可以用百分数表示，也可以用一比几或几比几的形式表示，如表4-1中2016年我国第一产业增加值与第二产业增加值的比例可以表示为21.49%，也可以表示为1:4.65。

表 4-1 2016 年我国国内生产总值构成情况

国民经济部门	增加值/亿元	结构相对数/%
第一产业	63 670.7	8.56
第二产业	296 236.0	39.81
第三产业	384 220.5	51.63
合计	744 127.2	100.00

3. 比较相对指标

比较相对指标是同类指标在不同空间进行静态对比形成的相对指标。利用该指标可以比较不同国家、不同地区、不同单位等的经济实力、发展水平和工作优劣。

$$比较相对指标 = \frac{某类现象的指标值}{不同空间条件下同类现象的指标值} \quad (4-3)$$

例如，中国国土面积为 960 万平方公里①，美国国土面积为 937 万平方公里，两者之比为 $\frac{960}{937}$ = 102.45% = 1.024 5（倍）。

4. 强度相对指标

强度相对指标是两个性质不同但有一定联系的总量指标之间的对比，用来表明某一现象在另一现象中发展的强度、密度和普遍程度。它和其他相对指标的根本点在于，它不是同类现象指标的对比。强度相对指标以双重计量单位表示，是一种复名数。强度相对指标往往涉及一些人均指标，如人均国民生产总值、全国（地区）人均粮食产量等。这些人均指标不是平均指标，而是强度相对指标。

$$强度相对指标 = \frac{某一现象的总量指标}{另一性质不同但与之有联系现象的总量指标} \quad (4-4)$$

强度相对指标的分子、分母位置可以互换，因而有正指标、逆指标之分。实际应用时应注意与平均指标的区别。

已知 2000 年 11 月 1 日我国人口数为 12.95 亿人，国土面积为 960 万平方公里，则

$$人口密度（正指标） = \frac{960 \text{ 万平方公里}}{12.95 \text{ 亿人}} = 74.13 \text{ 平方公里/万人}$$

$$人口密度（逆指标） = \frac{12.95 \text{ 亿人}}{960 \text{ 万平方公里}} = 135 \text{ 人/平方公里}$$

5. 动态相对指标

动态相对指标又称"动态相对数"或"时间相对指标"，是将同一现象在不同时期的两个数值进行动态对比而得出的相对数，借以表明现象在时间上发展变动的程度。通常以百分数（%）或倍数表示，也称为发展速度。发展速度减 1 或 100% 为增长速度指标，计算结果大于 100% 为增长多少百分数或百分点，小于 100% 为下降多少百分数或百分点。它是同一现象在不同时间上的两个数值之比。通常将作为比较基础的时期称为基期，与基期相比较的时期称为报告期或计算期、本期、现期、被研究的时期。

---

① 1 平方公里 = 1 平方千米。

$$\text{动态相对指标} = \frac{\text{报告期指标数值}}{\text{基期指标数值}} \times 100\% \tag{4-5}$$

动态相对指标实际上就是发展速度,在统计分析中应用广泛,详细内容见本书第五章时间序列分析。

6. 计划完成程度相对指标

计划完成程度相对指标简称"计划完成程度指标""计划完成百分比",是社会经济现象在某时期内实际完成数值与计划任务数值对比的结果,一般用百分数来表示。计划完成程度相对指标是用来检查、监督计划执行情况的相对指标。它以现象在某一段时间内的实际完成数与计划数对比,来观察计划完成程度。

$$\text{计划完成程度} = \frac{\text{实际完成数}}{\text{同期计划数}} \times 100\% \tag{4-6}$$

由于在制订计划时计划指标一般是用绝对数下达的,而有时计划指标可以用相对数以及平均数来下达,因而,在检查计划执行情况时,所计算的计划完成程度也可以分为以下三种情况:

1) 当计划任务数用绝对数下达时

如果计划任务数是用绝对数下达的,那么计划完成程度的计算公式与上面的定义式是一致的,即

$$\text{计划完成程度} = \frac{\text{实际完成数}}{\text{同期计划数}} \times 100\% \tag{4-7}$$

在利用以上公式进行计算时,应该注意,分子和分母应该是同一总体同类现象在同一时间的实际完成数和计划任务数之比,且计算结果应以百分数表示。

【例 4-1】 已知某企业 2017 年计划实现利润 1 800 万元,实际全年实现利润 1 980 万元,则

$$\text{该企业 2017 年利润计划完成程度} = \frac{1\,980\ \text{万元}}{1\,800\ \text{万元}} \times 100\% = 110\%$$

计算结果表明,超额 10%(=110%-100%)完成计划,即超额完成全年计划,超出额为 180 万元(=1 980 万元-1 800 万元)。该公式适合于检查社会经济现象的规模或水平的计划完成情况。

在分析全年或长期计划完成情况时,有时还要计算计划执行的进度,计划执行进度是某一段时间的实际完成数和全期计划任务数之比,计算公式为

$$\text{计划执行进度} = \frac{\text{自期初起累计实际完成数}}{\text{全期计划任务数}} \times 100\% \tag{4-8}$$

上式可以看作计划完成程度的派生公式。虽然仍然是实际完成数和计划任务数之比,但公式中的分子和分母所属的时间长度并不一致,分子的时间只是分母时间的一部分。

【例 4-2】 某商场 2016 年计划完成销售额 8 000 万元,实际执行至第三季度末,累计实现销售额 5 760 万元,则

$$\text{该企业至第三季度止的计划执行进度} = \frac{5\,760\ \text{万元}}{8\,000\ \text{万元}} \times 100\% = 72\%$$

计算结果表明,该企业执行至第三季度末共完成全年计划的 72%。如果全年计划安排是均匀的,那么时间过去了 3/4,完成任务应该达到 75%,因此,该企业应该采取相应的措施确保全年计划任务的顺利完成。

检查计划执行进度的最主要的目的就是随时掌握计划执行情况,以保证全年计划任务的如期完成。因此,时间就成为衡量计划执行进度的一个客观标准。如果单从稳定、协调、持续的角度来看,计划执行进度应该至少与时间过去的百分比同步进行才能保证计划任务的完成。当然,企业在制订全年计划任务时,还要结合自身的产品特点,合理制订计划,如有些产品在制订任务数时应该考虑季节因素对产品销售的影响。

2)当计划任务数用相对数下达时

在经济活动中,有些计划是用相对数下达的,如企业的劳动生产率和单位产品成本等就经常用比上期提高或降低的百分率来下达。也就是说,在制订计划时,是以前一期的实际完成数为基础,规定出计划任务数是用比上期提高或降低百分之几的形式下达时,计算计划完成程度相对指标不应直接用提高率或降低率进行对比,而应以包括基数在内的百分率进行对比。其计算公式为

提高率的形式:

$$计划完成程度 = \frac{1+实际提高率}{1+计划提高率} \times 100\% \quad (4-9)$$

降低率的形式:

$$计划完成程度 = \frac{1-实际降低率}{1-计划降低率} \times 100\% \quad (4-10)$$

上式中,提高率的形式经常用于产出型指标(原则上为越大越好的指标),而降低率的形式经常用于投入型指标(原则上为越小越好的指标)。

【例4-3】某企业2017年劳动生产率计划比上年提高10%,实际比上年提高15%,则

$$该企业劳动生产率计划完成程度为 = \frac{1+15\%}{1+10\%} \times 100\% = 104.55\%$$

计算结果表明,该企业实际比计划超额完成4.55%,即104.55% -100% =4.55%。

【例4-4】某企业2017年单位产品成本计划比2016年降低5%,实际执行结果比2016年降低8%,则

$$该企业单位成本计划完成程度 = \frac{1-8\%}{1-5\%} \times 100\% = 96.84\%$$

计算结果表明,该企业单位产品成本比计划超额降低3.16%,即96.84% -100% = -3.16%。

3)当计划任务数用平均数下达时

如果计划任务数是用平均数下达的,则可以采用如下公式计算,即

$$计划完成程度 = \frac{实际平均水平}{计划平均水平} \times 100\% \quad (4-11)$$

【例4-5】某企业计划10月份人均实现销售额3万元,实际人均实现销售额3.75万元,则

$$该企业的计划完成程度 = \frac{3.75}{3} \times 100\% = 125\%$$

计算结果表明,该企业超额25%(=125% -100%),即超额0.75万元完成计划。

对计划完成程度的评价应该根据具体情况而定,不能一概而论。具体可分为以下两种情况:

(1)对于产出型指标(越大越好的指标),如果计划完成程度大于100%,则为超额完成计划;如果计划完成程度等于100%,则为完成计划;如果计划完成程度小于100%,则为未完成计划。

（2）对于投入型指标（越小越好的指标），如果计划完成程度大于100%，则为未完成计划；如果计划完成程度等于100%，则为完成计划；如果计划完成程度小于100%，则为超额完成计划。

此外，在评价计划完成的绝对效果时，应该用实际完成数减去计划任务数，并保留正负号，但在进行分析说明时应去掉正负号，将其转换成相应的文字。

4.2.3　正确运用相对指标的原则

相对指标种类较多，各有自己的意义和作用，在计算和应用上也有一些不同的要求和特点，但从总体上说，计算和应用相对指标要坚持三个方面的原则。

1. 注意可比性

主要是指对比的分子和分母两个指标之间在经济内容、计算范围、计算方法和计量单位等方面要保持一致或相互适应的状态。

例如，由于不同时期商品或劳务的价格水平是不同的，故不能简单地将2017年国内生产总值同2016年国内生产总值进行对比。为了保证二者的可比性，要么按2016年价格水平对2017年国内生产总值进行调整，要么按2017年的价格水平对2016年国内生产总值进行调整，以使两个指标的价格水平保持可比。

2. 要和总量指标结合起来使用

相对指标虽可以反映现象之间的差异程度，但把现象的绝对水平抽象化了，说明不了现象之间在绝对数量上的差异。因此，应用相对指标进行统计分析时，必须与其背后的绝对水平以及两个对比指标的绝对额结合起来，以全面、正确地认识客观事物。结合使用的方法有两种：一是计算分子、分母的绝对差额；二是计算每增长1%的绝对值。

3. 多种相对指标综合运用

一种相对指标只能说明一个方面的问题，在分析研究复杂现象时，应该将多种相对指标结合起来运用，这样才能把从不同侧面反映的情况结合起来观察分析，从而能较全面地说明客观事物的情况及其发展规律。

例如，在研究企业的经济效益时，不仅要看总产值、产品产量、销售收入、利税总额等总量指标，还要结合企业的投入，观察产值利税率、资金利润率等相对指标，客观反映企业的经济效益。同时，还需要将这些指标与企业的计划任务相比较，检查企业计划的执行情况；利用动态相对指标，将当期指标数值与企业过去的同类指标数值进行纵向对比，可以总结经验和成绩，寻找事物发展变化的规律；通过计算各个比较相对指标，能够实现与其他同类企业的横向对比，发现自己的差距和不足，及时制订计划和措施进行补救。

4.3　平均指标

4.3.1　平均指标的概念、特点和作用

1. 平均指标的概念

平均指标是指在同质总体内将各单位的数量差异抽象化，以反映总体一般水平的代表值。如职工的平均工资2 000元、学生的平均成绩81分、平均利率3.24%、平均粮食产量

800 公斤等。

2. 平均指标的特点

(1) 将数量差异抽象化。平均指标是把各个变量之间的差异抽象化,从而说明总体的一般水平。例如,某班学生的成绩就是把学生之间不同成绩的差异抽象化,用以说明该班学生成绩的一般水平。但要注意,只有数量标志才可以计算平均数,除个别能以数量大小表示其变异的品质标志外,一般的品质标志不能计算平均数。例如,我们可以计算平均年龄、平均工资、平均工龄等,但却不能计算平均性别、平均职业岗位、平均婚姻状况等。

(2) 必须具有同质性。平均指标只能在同质总体中计算,总体单位总量和总体标志总量必须具备同质性,这是计算平均指标的前提。

(3) 反映总体变量值的集中趋势。从总体变量的分布情况看,多数现象的分布服从钟形分布,即不管用什么方法求得的平均数,都靠近分布的中间,而不会在两头。这就说明多数标志值集中在平均数附近,所以平均指标是标志值集中趋势的测度数,是反映总体变量集中倾向的代表值。例如,某班一次统计学考试平均成绩为 81 分,这个指标说明在这次考试中这个班级学生的成绩一般在 81 分左右。

3. 平均指标的作用

(1) 可用于同类现象在不同空间的比较。采用平均指标,可以消除因总体的空间范围不同对统计比较分析的影响,从而得到正确的结论。不同的国家、地区或单位的总量指标,因总体的空间范围不同,其指标数值也就不同;空间范围越大,其指标数值也就越大;反之则越小。

(2) 可用于同类现象在不同时间的比较。例如,由于各月的天数可能不一致,所以各月的总产量一般是不可比的,但如果计算出各月每天的平均产量,就可以进行对比了;又如,研究企业工资情况时,不能用工资总额,而要用各个时期的平均工资进行比较。

(3) 可用于数量上的推断。在统计的估计推算中,往往利用部分单位标志值计算的平均数推算总体平均数,或者以总体平均数来推算总体标志总量。

(4) 可用于分析现象之间的依存关系。例如,商业企业规模的大小和商品流通费用率之间存在依存关系,可以根据商品流转额来划分不同规模的商业企业,再计算各类商业企业的平均商品流通费用率,就可看出商品流转额的增减和流通费用率升降的依存关系。

在社会经济统计中常用的平均指标有算术平均数、调和平均数、几何平均数、众数和中位数等。算术平均数、调和平均数、几何平均数等是根据分布数列中各单位的标志值计算而来的,称为数值平均数;众数和中位数等是根据分布数列中某些标志值所处的位置来确定的,称为位置平均数。各种平均指标的计算方法不同,指标的含义、应用场合也有所不同,但它们都是总体各单位数量标志值的一般水平的代表值。

4.3.2 算术平均数

1. 算术平均数的基本公式

算术平均数是计算平均指标最基本、最常用的方法,计算公式为

$$算术平均数 = \frac{总体标志总量}{总体单位总量} \qquad (4-12)$$

在计算算术平均数时,分子与分母必须同属一个总体,在经济内容上有着从属关系,即分子数值是分母各单位标志值的总和。也就是说,分子与分母具有"一一对应"的关系,有一

个总体单位必有一个标志值与之对应。只有这样计算出的平均指标才能表明总体的一般水平。正是在这点上，平均数与强度相对数表现出性质上的差异。强度相对数是两个有联系的不同总体的总量指标对比，这两个总量指标没有依附关系，而只是在经济内容上存在客观联系。

2. 算术平均数的计算方法

1）简单算术平均数的计算

简单算术平均数的计算公式用符号表示为

$$\bar{x} = \frac{\sum x}{n} \tag{4-13}$$

式中，x 表示标志值或变量值；n 表示标志值或变量值的个数；$\sum$ 表示求和。

【例 4-6】5 名工人日产零件数为 12、13、14、14、17 件，计算人均日产量。

$$\bar{x} = \frac{\sum x}{n} = \frac{70}{5} = 14 \,(件)$$

2）加权算术平均数的计算

$$\bar{x} = \frac{\sum xf}{\sum f} = \frac{x_1 \cdot f_1 + x_2 \cdot f_2 + \cdots + x_n \cdot f_n}{f_1 + f_2 + \cdots + f_n} \tag{4-14}$$

式中，x 表示标志值或变量值；n 表示标志值的个数；$\sum$ 表示求和；f 表示每个标志值的次数。

【例 4-7】某车间 50 名工人对某种零件的生产情况如表 4-2 所示，求人均日产量。

表 4-2 某车间 50 名工人某种零件的生产情况

日产量 x/件	20	21	22	23	24	25	26	27	合计
工人数 f/人	2	4	6	8	12	9	7	2	50
各组产量/件	40	84	132	184	288	225	182	54	1 189

人均日产量

$$\bar{x} = \frac{x_1 \cdot f_1 + x_2 \cdot f_2 + \cdots + x_8 \cdot f_8}{f_1 + f_2 + \cdots + f_8} = \frac{\sum xf}{\sum f}$$

$$\bar{x} = \frac{1\,189}{50} \approx 24 \,(件/人)$$

在分组资料时，x 用组中值代替。

可见，加权算术平均数 $\bar{x}$ 不但受各组标志值 x 的影响，而且也受各组次数 f 的影响。次数越多对标志总量的影响越大；次数越少对标志总量的影响越小。各组标志次数的多少在平均数的计算中具有权衡轻重的作用，因此，在统计上又称为权数。

权数有两种形式：一种是以绝对数表示，称为次数或频数；另一种是以比例表示，称为频率。同一总体资料，用这两种权数所计算的加权算术平均数完全相同。

权数采用频率形式计算平均数时，表现为

$$\bar{x} = \frac{\sum xf}{\sum f} = \frac{x_1 f_1 + x_2 f_2 + \cdots + x_n f_n}{f_1 + f_2 + \cdots + f_n} = \frac{x_1 f_1}{\sum f} + \frac{x_2 f_2}{\sum f} + \cdots + \frac{x_n f_n}{\sum f}$$

$$= x_1 \frac{f_1}{\sum f} + x_2 \frac{f_2}{\sum f} + \cdots + x_n \frac{f_n}{\sum f} = \sum x \frac{f}{\sum f}$$

这时，影响加权算术平均数 $\bar{x}$ 的因素除了各组标志值 x 外，还有各组频率 $\dfrac{f}{\sum f}$。那么，$\bar{x}$ 到底是受各组次数 f 的影响还是各组频率 $\dfrac{f}{\sum f}$ 的影响呢？这就需要从 f 的变动与 $\dfrac{f}{\sum f}$ 的变动对加权算术平均数 $\bar{x}$ 的影响结果来进行分析。

3. 算术平均数的数学性质

（1）算术平均数与总体单位总量的乘积等于总体各单位标志值的总和。

$$\text{简单算术平均数：} \bar{x} \cdot n = \sum x \Rightarrow \bar{x} = \frac{\sum x}{n}$$

$$\text{加权算术平均数：} \bar{x} \cdot \sum f = \sum xf \Rightarrow \bar{x} = \frac{\sum xf}{\sum f}$$

（2）如果每个变量值都加或减任意数值 A，则平均数也要增加或减少这个数 A。

（3）如果每个变量值都乘以或除以一个任意数值 A，则平均数也乘以或除以这个数 A。

（4）各个变量值与算术平均数的离差之和等于零。

$$\text{简单算术平均数：} \sum (x - \bar{x}) = 0$$

$$\text{加权算术平均数：} \sum (x - \bar{x})f = 0$$

（5）各个变量值与算术平均数的离差平方之和等于最小值。

$$\text{简单算术平均数：} \sum (x - \bar{x})^2 = \text{最小值}$$

$$\text{加权算术平均数：} \sum (x - \bar{x})^2 f = \text{最小值}$$

4.3.3 调和平均数

调和平均数是标志值倒数的算术平均数的倒数，所以又叫倒数平均数。调和平均数也有简单调和平均数和加权调和平均数两种。

1. 简单调和平均数

如果掌握的资料是未分组的总体各单位的标志值和标志总量，则用简单调和平均数计算平均指标。其计算公式为

$$H = \frac{1 + 1 + \cdots + 1}{\dfrac{1}{x_1} + \dfrac{1}{x_2} + \cdots + \dfrac{1}{x_n}} = \frac{n}{\sum \dfrac{1}{x}} \qquad (4-15)$$

式中，H 代表调和平均数；n 代表标志总量；其余符号与前相同。

【例 4-8】某商品在淡季、平季、旺季的价格分别是 10 元、11 元、14 元，假设分别以淡季、平季、旺季的价格购买 1 元的这种商品，求该商品的平均价格。

$$H = \frac{n}{\sum \dfrac{1}{x}} = \frac{3}{\dfrac{1}{10} + \dfrac{1}{11} + \dfrac{1}{14}} = \frac{3}{0.26} = 11.5(元)$$

从形式上看，调和平均数和算术平均数有明显的区别，但从计算内容上来看，两者是一致的，均为总体标志总量与总体单位总量的对比。

2. 加权调和平均数

如果掌握的资料是各组的标志值和标志总量，而未掌握各组单位数，则用加权调和平均

数计算平均指标。其计算公式为

$$H = \frac{m_1 + m_2 + \cdots + m_n}{\frac{m_1}{x_1} + \frac{m_2}{x_2} + \cdots + \frac{m_n}{x_n}} = \frac{\sum m}{\sum \frac{m}{x}} \quad (4-16)$$

式中，m 代表各组标志总量；其余符号与前相同。

【例4-9】某食堂购进某种蔬菜，相关资料如表4-3所示，求这种蔬菜的平均价格。

表4-3　某种蔬菜价格资料及其计算情况

	价格/(元·千克$^{-1}$)	购买金额/元	购买量/千克
	x	m	$\frac{m}{x}$
早	2.0	10	5
中	1.5	15	10
晚	1.0	20	20
合计	—	45	35

根据表4-3，计算食堂购进这种蔬菜的平均价格为

$$H = \frac{\sum m}{\sum \frac{m}{x}} = \frac{45}{35} = 1.29 \,(\text{元/千克})$$

4.3.4　几何平均数

几何平均数是 n 项变量值连乘积的 n 次方根。

1. 简单几何平均数

简单几何平均数的计算公式为

$$\bar{x}_G = \sqrt[n]{x_1 \cdot x_2 \cdots x_n} \quad (4-17)$$

【例4-10】假设某企业2013—2017年某产品的产量分别是上年的107.6%、102.5%、100.6%、102.7%、102.2%，计算这五年的平均发展速度。

$$\bar{x}_G = \sqrt[5]{1.076 \times 1.025 \times 1.006 \times 1.027 \times 1.022} = 1.031 = 103.1\%$$

2. 加权几何平均数

加权几何平均数的计算公式为

$$\bar{x}_G = \sum \sqrt[f]{x_1^{f_1} \cdot x_2^{f_2} \cdots x_n^{f_n}} \quad (4-18)$$

【例4-11】某投资银行25年的年利率分别是1年3%、4年5%、8年8%、10年10%、2年15%，求平均年利率。

$$\bar{x}_G = \sum \sqrt[f]{x_1^{f_1} \cdot x_2^{f_2} \cdots x_n^{f_n}} = \sqrt[25]{1.03 \times 1.05^4 \times 1.08^8 \times 1.1^{10} \times 1.15^2}$$
$$= 1.086 = 108.6\%$$

4.3.5　众数

1. 众数的概念

众数是总体中出现次数最多的标志值。它能直观地说明客观现象分配中的集中趋势，用

字母 M_o 表示。例如，某车间 80 名工人中技术等级为 4 级的有 58 人，人数最多，则 4 级为众数，用它表示该车间工人技术等级的一般水平。

如果总体中出现次数最多的标志值不是一个，而是两个，那么，合起来就是复（双）众数。

由众数的定义可看出众数存在的条件：总体的单位数较多，各标志值的次数分配又有明显的集中趋势时才存在众数；如果总体单位数很少，尽管次数分配较集中，那么计算出来的众数意义也不大；或尽管总体单位数较多，但次数分配不集中，即各单位的标志值在总体分布中出现的比例较均匀，那么也无所谓众数。

2. 众数的计算方法

单项数列确定众数，观察出现次数最多的标志值就是众数。这种方法比较简单。

【例 4-12】某种商品价格及销售量如表 4-4 所示，求众数。

表 4-4　某种商品的价格及销售量情况

价格/元	销售量/公斤①
8.00	20
8.40	60
9.00	140
10.00	80
合计	300

上面数列中价格为 9.00 元的商品销售量最多，即出现次数最多，则众数 $M_o = 9.00$ 元。

组距数列确定众数，首先由最多次数来确定众数所在组，然后再用比例插值法推算众数的近似值。其计算公式为

$$下限公式：M_o = x_L + \frac{\Delta_1}{\Delta_1 + \Delta_2} \times d \qquad (4-19)$$

$$上限公式：M_o = x_u - \frac{\Delta_2}{\Delta_1 + \Delta_2} \times d \qquad (4-20)$$

式中，x_L、x_u 分别表示众数所在组的下限和上限；Δ_1 表示众数所在组与前一组次数之差；Δ_2 表示众数所在组与后一组次数之差；d 表示众数所在组的组距。

【例 4-13】某班的学生"统计学"考试成绩如表 4-5 所示，求众数。

表 4-5　某班学生"统计学"考试成绩

学生成绩 x/分	学生人数 f/人	学生人数比例/%
50 以下	2	2.5
50~60	4	5.0
60~70	14	17.5
70~80	46	57.5
80~90	10	12.5
90 以上	4	5.0
合计	80	100.0

---

① 1 公斤 = 1 千克。

按绝对数计算：
由下限公式

$$M_o = x_L + \frac{\Delta_1}{\Delta_1 + \Delta_2} \times d = 70 + \frac{46 - 14}{(46 - 14) + (46 - 10)} \times 10 = 75(\text{分})$$

或者

$$M_o = x_u - \frac{\Delta_2}{\Delta_1 + \Delta_2} \times d = 80 - \frac{46 - 10}{(46 - 14) + (46 - 10)} \times 10 = 75(\text{分})$$

3. 众数的特点

从众数的计算可以看出，众数具有以下特点：

(1) 众数是一个位置平均数，它只考虑总体分布中最频繁出现的变量值，不受极端值和开口组数列的影响，从而增强了对变量数列一般水平的代表性。

(2) 众数是一个不容易确定的平均指标，当分布没有明显的集中趋势而趋于均匀分布时，无众数可言；当变量数列是不等距分组时，众数的位置也不好确定。

4.3.6 中位数

1. 中位数的概念

中位数是将各单位标志值按大小排列，居于中间位置的那个标志值就是中位数，用符号 M_e 表示。

2. 中位数的计算

(1) 未分组资料。先将数据按从小到大的顺序排列，如项数为奇数，居于中间的单位标志值就是中位数。

$$\text{中位数位次} = \frac{n + 1}{2}$$

【例 4-14】有 9 个数字，分别是 2、3、5、6、9、10、11、13、14，则中位数为第 5 个，即 9。

先将数据按从小到大的顺序排列，如项数为偶数，则中位数为居于中间 2 个单位标志值的平均值。

【例 4-15】有 10 个数字，分别是 2、3、5、6、9、10、11、13、14、15，则中位数为第 5 个数字和第 6 个数字的平均值，即 9.5。

(2) 如为单项式分组资料，要将次数进行累计，中位数为居于中间位置所对应的标志值。

$$\text{中位数的位次} = \frac{\sum f}{2}$$

【例 4-16】某工厂按日产零件分组的工人数如表 4-6 所示，求中位数。

表 4-6 某工厂日产零件中位数计算表

按日产零件分组/件	工人数/人	向上累计次数	向下累计次数
26	3	3	80
31	10	13	77
32	14	27	67
34	27	54	53
36	18	72	26
41	8	80	8
合计	80	—	—

中位数位置 = 80/2 = 40

按向上累计次数，34 所在组对应的向上累计次数是 54，32 所在组对应的是 27，故中位数应在 34 所在组，即中位数 = 34。

（3）如分组资料为组距式，应先按 $\dfrac{\sum f}{2}$ 的公式求出中位数所在组的位置，然后用比例插值法确定中位数的值。其计算公式为

下限公式（向上累计时用）：$M_e = x_L + \dfrac{\dfrac{\sum f}{2} - S_{m-1}}{f_m} \cdot d$ （4-21）

上限公式（向下累计时用）：$M_e = x_u + \dfrac{\dfrac{\sum f}{2} - S_{m+1}}{f_m} \cdot d$ （4-22）

式中，x_L、x_u 分别表示中位数所在组的下限和上限；f_m 表示中位数所在组的次数；S_{m-1} 表示中位数所在组以前各组的累计次数；S_{m+1} 表示中位数所在组以后各组的累计次数；$\sum f$ 表示总次数；d 表示中位数所在组的组距。

【例 4-17】某班学生统计学期末考试成绩情况如表 4-7 所示，请计算其中位数。

表 4-7　某班学生统计学期末考试成绩情况

学生成绩/分	学生人数/人	向上累计人数/人	向下累计人数/人
50 以下	2	2	80
50~60	4	6	78
60~70	14	20	74
70~80	46	66	60
80~90	10	76	14
90 以上	4	80	4
合计	80	—	—

中位数位次 $= \dfrac{\sum f}{2} = \dfrac{80}{2} = 40$

因为 20 < 40 < 66，所以中位数在 70~80 这组，则有

$$M_e = x_L + \dfrac{\dfrac{\sum f}{2} - S_{m-1}}{f_m} \times d = 70 + \dfrac{\dfrac{80}{2} - 20}{46} \times (80 - 70) = 74.35（分）$$

3. 算术平均数（$\bar{x}$）、众数（M_o）中位数（M_e）三者的关系

（1）总体次数分配为对称的钟形分布时，三个平均数相等，即 $\bar{x} = M_e = M_o$。

（2）当总体分布呈右偏时，$\bar{x} > M_e > M_o$，如图 4-1 所示。

（3）当总体分布呈左偏时，$\bar{x} < M_e < M_o$，如图 4-2 所示。

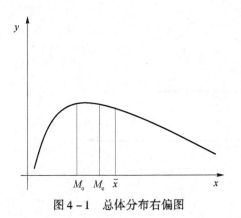
图 4-1　总体分布右偏图

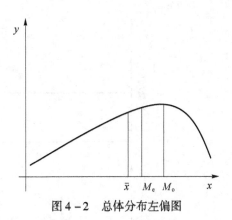
图 4-2　总体分布左偏图

4.4　标志变异指标

平均指标是统计总体中各单位某一数量标志值的一般水平，反映了总体各单位变量值分布的集中趋势，利用平均指标可以对同类现象在不同空间或时间条件下的数量表现进行对比，以反映现象的发展趋势或规律。但是，平均指标掩盖了总体各单位客观上存在的变异，而在有些情况下，对总体变异情况或平均数对总体各单位变量值的代表性进行研究又是非常必要的，这就需要计算标志变异指标。

4.4.1　标志变异指标的概念和作用

1. 标志变异指标的概念

标志变异指标是描述总体各单位标志值差别大小程度的指标，又称标志变动度、离散程度或离中程度。如果说平均指标是说明总体分布的集中趋势，那么标志变异指标则是说明总体分布的离散趋势。

【例 4-18】某车间两个生产小组各工人日产量（单位：件）如下：
甲组：20，40，60，70，80，100，120
乙组：67，68，69，70，71，72，73
尽管两组平均日产量都是 70 件，但从图 4-3 可以看出，甲组离散程度大，乙组离散程度小。

2. 标志变异指标的作用

（1）标志变异指标是评价平均数代表性的依据。平均指标作为总体各单位某一数量标志的代表值，其代表性的高低与总体差异程度有直接的关系：标志变异指标值越大，平均数的代表性越低；反之，标志变异指标值越小，平均数的代表性越高。

（2）标志变异指标反映社会经济活动过程的均衡性或协调性，以及产品质量的稳定性。一般来说，标志变异指标值越大，总体各单位变量值分布的离散趋势越高、均衡性越低；反之，总体各单位变量值分布的离散趋势越低、均衡性越高。

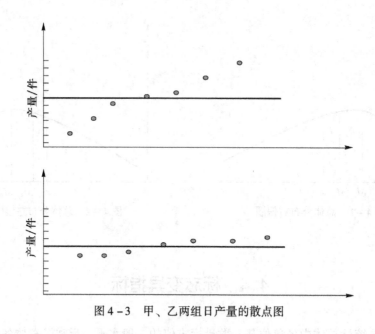

图 4-3 甲、乙两组日产量的散点图

4.4.2 全距

标志变异指标不是一个指标,而是由多个统计指标组成的指标体系,包括全距、平均差、标准差和变异系数四个基本指标。

1. 全距的概念与计算

全距又称极差,是总体各单位标志的最大值和最小值之差。其一般计算公式为

$$全距 = 最大变量值 - 最小变量值$$

用符号表示为

$$R = x_{max} - x_{min} \quad (4-23)$$

式中,R 表示全距;x_{max} 表示总体中最大变量值;x_{min} 表示总体中最小变量值。

【例 4-19】学生"统计学"成绩考试中,最低分为 48 分,最高分为 96 分,则

$$全距 = 96 - 48 = 48(分)$$

根据原始资料和单项数列计算全距时,可直接用上述公式。但如果掌握的资料是组距数列,则全距的计算公式为

$$全距 = 最大变量值组上限 - 最小变量值组下限$$

当然,这样计算的结果仅仅是一个近似值,其原因是:在统计分组过程中,最大变量值组上限一般要大于总体最大变量值,而最小变量值组下限一般要小于总体最小变量值,况且,为了统计分析的便利,也一般用 5 或 10 的倍数作为组限。因此,最大变量值组上限往往与总体最大变量值不相等,最小变量值组下限也往往与总体最小变量值不一致。

2. 全距的特点

全距最大的特点是计算简便、易懂,容易被人们接受和理解,因而在日常生活中应用非常广泛。但是,全距是根据总体最大变量值与最小变量值两个数值计算而来的,缺乏普遍

性，只是说明变量值波动的范围，很不精确。为全面表明总体的变异程度，还应当进一步计算其他变异指标。

4.4.3 平均差

1. 平均差的概念与计算

平均差是各单位标志值对平均数离差绝对值的平均数。离差是总体各单位标志值与算术平均数之差，用公式表示为 $x - \bar{x}$。由于各标志值与算术平均数的离差总和恒等于零，即 $\sum(x - \bar{x}) = 0$ 或 $\sum(x - \bar{x})f = 0$，因此在计算平均差时，采用离差的绝对值来计算。

根据所掌握的资料不同，平均差的计算可分为简单算术平均式和加权算术平均式两种。

1）简单算术平均式

如果所掌握的资料是未分组的资料，则用简单算术平均式计算平均差。其公式为

$$AD = \frac{\sum |x - \bar{x}|}{n} \tag{4-24}$$

式中，AD 为平均差；其他符号同前。

【例 4-20】如表 4-8 所示，5 名工人日产零件数分别为 10 件、13 件、13 件、14 件、15 件，平均每人日产量 $\bar{x} = 13$ 件，计算其平均差。

表 4-8 工人日产零件数的平均差计算表

工人序号	日产零件数/件	$x - \bar{x}$	$|x - \bar{x}|$
1	10	-3	3
2	13	0	0
3	13	0	0
4	14	1	1
5	15	2	2
合计	65	—	6

工人日产零件数的平均差 $AD = \dfrac{\sum |x - \bar{x}|}{n} = \dfrac{6}{5} \approx 1$（件）

2）加权算术平均式

如果所掌握的是分组资料，则应采用加权算术平均式计算平均差。其公式为

$$AD = \frac{\sum |x - \bar{x}|f}{\sum f} \tag{4-25}$$

【例 4-21】某企业工人日产量如表 4-9 所示，求日产量的平均差。

表 4-9 某企业工人日产量的平均差计算表

按日产量分组/件	工人数 f/人	组中值 x	各组日产量 xf/件	$x - \bar{x}$	$|x - \bar{x}|f$
10 以下	10	5	50	-20.5	205
10~20	15	15	225	-10.5	157.5
20~30	45	25	1 125	-0.5	22.5
30~40	20	35	700	9.5	190
40 以上	10	45	450	19.5	195
合计	100	—	2 550	—	770

$$日产量的平均差 AD = \frac{\sum |x - \bar{x}|f}{\sum f} = \frac{770}{100} \approx 8 \text{ (件)}$$

2. 平均差的特点

平均差的意义明确,同全距相比,计算的依据是总体所有变量值,具有普遍性,能够准确反映总体变异的状况。但是,由于平均差是用总体各单位变量值同总体算术平均数的离差的绝对值来计算的,很难进行更深入的数学计算,因而在实际应用上受到很大限制。

4.4.4 标准差

标准差的概念与计算:平均差是总体各单位标志值与其算术平均数的离差平方的算术平均数的平方根。与平均差计算过程中采用离差的绝对值($|x - \bar{x}|$)形式不同,标准差采用先对 $(x - \bar{x})$ 求平方的方法消除由于 $\sum (x - \bar{x}) = 0$ 或 $\sum (x - \bar{x})f = 0$ 对变异分析带来的影响,利用平方和开平方之间的逆运算关系计算变异指标。

由于在数学上,$(x - \bar{x})^2$ 比 $|x - \bar{x}|$ 在形式上可以进行更方便的数学运算,因此在统计分析过程中,标准差就成了应用最广泛的标志变异指标。

依据所掌握的资料类型,标准差的计算分为简单平均式和加权平均式两种。

1)简单平均式

对于未分组资料,采用下列公式计算标准差,即

$$\sigma = \sqrt{\frac{\sum (x - \bar{x})^2}{n}} \tag{4-26}$$

【例 4-22】如表 4-10 所示,5 名工人日产零件数分别为 10 件、13 件、13 件、14 件、15 件,平均每人日产量 $\bar{x} = 13$ 件,计算其标准差。

表 4-10 工人日产零件标准差计算表

工人序号	日产零件数/件	$x - \bar{x}$	$(x - \bar{x})^2$
1	10	-3	9
2	13	0	0
3	13	0	0
4	14	1	1
5	15	2	4
合计	65	—	14

工人日产零件数的标准差 $\sigma = \sqrt{\dfrac{\sum (x-\bar{x})^2}{n}} = \sqrt{\dfrac{14}{5}} = 1.67 \approx 2(件)$

2）加权平均式

如果掌握的是分组资料，则应采用下列公式计算标准差，即

$$\sigma = \sqrt{\dfrac{\sum (x-\bar{x})^2 f}{\sum f}} \qquad (4-27)$$

【例 4-23】某企业工人日产量情况如表 4-11 所示，求标准差。

表 4-11 某企业工人日产量的标准差计算表

按日产量分组/件	工人数 f/人	组中值 x	$x-\bar{x}$	$(x-\bar{x})^2$	$(x-\bar{x})^2 f$
10 以下	10	5	-20.5	420.25	4 202.5
10~20	15	15	-10.5	110.25	1 653.75
20~30	45	25	-0.5	0.25	11.25
30~40	20	35	9.5	90.25	1 805
40 以上	10	45	19.5	380.25	3 802.5
合计	100	—	—	—	11 475

某企业工人日产量的标准差

$$\sigma = \sqrt{\dfrac{\sum (x-\bar{x})^2 f}{\sum f}} = \sqrt{\dfrac{11\ 475}{100}} = 10.7 \approx 11\,(件)$$

4.4.5 标准差系数

标志变异指标数值大小，不仅受变异程度的影响，而且受平均水平高低的影响，因此，比较不同总体的变异程度的高低，不能简单地根据平均差或标准差的大小来比较，而应该将平均差、标准差与相应的平均数对比，计算标志变异的相对指标后进行比较。

全距与总体平均数对比所得到的比值称为全距系数，计算公式为

$$V_R = \dfrac{R}{\bar{x}} \times 100\% \qquad (4-28)$$

平均差与总体平均数对比所得到的比值称为平均差系数，计算公式为

$$V_{AD} = \dfrac{AD}{\bar{x}} \times 100\% \qquad (4-29)$$

标准差与总体平均数对比所得到的比值称为标准差系数，计算公式为

$$V_{\sigma} = \dfrac{\sigma}{\bar{x}} \times 100\% \qquad (4-30)$$

【例 4-24】两组工人的日产量（单位为件）为

甲组：60, 65, 70, 75, 80

乙组：2, 5, 7, 9, 12

$\bar{x}_{甲} = 70\,(件) \qquad \sigma_{甲} = 7.07\,(件)$

$\bar{x}_{乙} = 7\,(件) \qquad \sigma_{乙} = 3.41\,(件)$

不能简单断言甲组变异程度大于乙组变异程度，应先计算标准差系数，则有

$$标准差系数 = \frac{\sigma}{\bar{x}} \times 100\%$$

$$V_{甲} = \frac{7.07}{70} \times 100\% = 10.1\%$$

$$V_{乙} = \frac{3.41}{7} \times 100\% = 48.7\%$$

计算结果表明，乙组的变异程度大于甲组，因而甲组平均产量的代表性高于乙组。

当比较两组数据的离散程度时，如果两组平均数相等，则可以直接比较标准差；如果两组平均数不等，则需比较两组的标准差系数。因为标准差的大小不仅取决于总体的变异程度，还受变量值水平的影响。总体各单位变量值水平越高，标准差就越大；反之，就越小。在这种情况下，只有通过标准差系数的比较才能得出正确的结论。

思考练习题

一、单项选择题

1. 属于数量指标的是（   ）。
   A. 粮食总产量　　　　　　　　　　B. 粮食平均亩产量
   C. 人均粮食生产量　　　　　　　　D. 人均粮食消费量
2. 属于质量指标的是（   ）。
   A. 货物周转量　　　　　　　　　　B. 劳动生产率
   C. 年末人口数　　　　　　　　　　D. 工业增加值
3. 数值随着总体范围大小发生增减变化的统计指标是（   ）。
   A. 总量指标　　　　　　　　　　　B. 相对指标
   C. 平均指标　　　　　　　　　　　D. 标志变异指标
4. 将总量指标按其反映总体总量的内容不同分为（   ）。
   A. 总体标志总量指标和总体单位总量指标
   B. 时期指标和时点指标
   C. 实物总量指标和价值总量指标
   D. 动态指标和静态指标
5. 下列表述正确的是（   ）。
   A. 单位总量与标志总量无关
   B. 单位总量和标志总量是相对的
   C. 某一总量指标在某一总体中是单位总量指标，则在另一总体中也一定是单位总量指标
   D. 某一总量指标在某一总体中是标志总量指标，则在另一总体中也一定是标志总量指标
6. 某地区年末居民储蓄存款余额是（   ）。
   A. 时期指标　　　　　　　　　　　B. 时点指标
   C. 相对指标　　　　　　　　　　　D. 平均指标
7. 总量指标数值大小（   ）。
   A. 随总体范围增大而增大　　　　　B. 随总体范围增大而缩小
   C. 随总体范围缩小而增大　　　　　D. 与总体范围大小无关

8. 相对指标是不能直接相加的，但在特定条件下，个别指标可以相加，如(　　)。
   A. 结构相对指标　　　　　　　　B. 动态相对指标
   C. 比例相对指标　　　　　　　　D. 强度相对指标

9. 某产品单位成本计划规定比基期下降3%，实际比基期下降3.5%，单位成本计划完成程度为(　　)。
   A. 85.7%　　　B. 99.5%　　　C. 100.5%　　　D. 116.7%

10. 某公司2013年计划规定利润应比2012年增长10%，实际执行的结果比2012年增长12%，则其计划完成程度为(　　)。
    A. 83%　　　B. 120%　　　C. 101.8%　　　D. 98.2%

11. 某企业全员劳动生产率计划规定提高4.5%，实际执行结果提高了6%，则全员劳动生产率的计划完成程度为(　　)。
    A. 133.3%　　　B. 101.4%　　　C. 101.6%　　　D. 98.4%

12. 算术平均数的基本形式是(　　)。
    A. 同一总体不同部分对比
    B. 不同总体两个有联系的指标数值对比
    C. 总体部分数值与总体数值对比
    D. 总体单位数量标志值之和与同一总体的单位数对比

13. 平均数指标反映了同质总体的(　　)。
    A. 集中趋势　　B. 离散趋势　　C. 变动趋势　　D. 分布特征

14. 分配数列各组变量值不变，每组次数均增加25%，加权算术平均数的数值(　　)。
    A. 增加25%　　B. 减少25%　　C. 不变化　　D. 无法判断

15. 对下列资料计算平均数，适宜于采用几何平均数的是(　　)。
    A. 对某班同学的考试成绩求平均数　　B. 对一种产品的单价求平均数
    C. 由相对数或平均数求其平均数　　　D. 计算平均比率或平均速度时

16. 下列平均数中不受资料中极端数值影响的是(　　)。
    A. 算术平均数　　　　　　　　B. 调和平均数
    C. 几何平均数　　　　　　　　D. 中位数和众数

17. 若某一变量数列中有变量值为零，则不适宜计算的平均指标是(　　)。
    A. 算术平均数　　　　　　　　B. 调和平均数
    C. 中位数　　　　　　　　　　D. 众数

18. 一班和二班"统计学"平均考试成绩都是78.6分，成绩的标准差分别为9.5分和11.9分，可以判断(　　)。
    A. 一班的平均成绩有较大的代表性
    B. 二班的平均成绩有较大的代表性
    C. 两个班的平均成绩有相同的代表性
    D. 无法判断

19. 标志变异指标的数值越小，表明(　　)。
    A. 总体分布越集中，平均指标的代表性越大
    B. 总体分布越集中，平均指标的代表性越小
    C. 总体分布越分散，平均指标的代表性越大
    D. 总体分布越分散，平均指标的代表性越小

20. 若两数列的平均数不同，在比较两数列离散程度大小时，应采用（　　）。
    A. 全距　　　　　B. 平均差　　　　　C. 标准差　　　　　D. 标准差系数

二、多项选择题

1. 下列统−计指标属于总量指标的是（　　）。
    A. 工资总额　　　　　B. 商业网点密度　　　　　C. 商品库存量
    D. 人均国民生产总值　　E. 进出口总额

2. 下列指标中的结构相对指标是（　　）。
    A. 集体所有制企业职工占全部企业职工总数的比例
    B. 某工业产品产量比上年增长的百分比
    C. 大学生占全部学生的比例
    D. 某年第一产业占国民生产总值的比例
    E. 某年人均消费额

3. 下列各项属于数量指标的有（　　）。
    A. 金融系统职工人数
    B. 金融系统职工工资总额
    C. 金融系统职工平均工资
    D. 银行存（贷）款期末（初）余额
    E. 具有大专以上文化程度职工占全系统职工的比例

4. 调和平均数的计算公式有（　　）。
    A. $\dfrac{\sum x}{n}$　　　　B. $\dfrac{\sum xf}{\sum f}$　　　　C. $\sum x \dfrac{f}{\sum f}$
    D. $\dfrac{\sum m}{\sum \dfrac{1}{x}m}$　　　　E. $\dfrac{n}{\sum \dfrac{1}{x}}$

5. 与变量值计量单位相同的标志变异指标是（　　）。
    A. 全距　　　　　B. 平均差　　　　　C. 标准差
    D. 方差　　　　　E. 标准差系数

6. 相对指标的计量单位有（　　）。
    A. 百分数　　　　　B. 千分数　　　　　C. 系数或倍数
    D. 成数　　　　　E. 复名数

7. 平均数的种类有（　　）。
    A. 算术平均数　　　B. 众数　　　　　C. 中位数
    D. 调和平均数　　　E. 几何平均数

8. 加权算术平均数的大小受哪些因素的影响？（　　）
    A. 受各组频率和频数的影响
    B. 受各组标志值大小的影响
    C. 受各组标志值和权数的共同影响
    D. 只受各组标志值大小的影响
    E. 只受权数大小的影响

9. 下列超额完成计划的有（　　）。

A. 单位成本计划完成百分数 103.5%
B. 利润计划完成百分数 103.5%
C. 劳动生产率计划完成百分数 103.5%
D. 单位成本计划完成百分数 98.3%
E. 利润计划完成百分数 98.3%

10. 标志变异指标(　　)。
A. 综合反映总体各单位某一数量标志的发展趋势
B. 综合反映总体各单位某一数量标志的差异性
C. 说明分配数列中变量的集中趋势
D. 说明分配数列中变量的离散趋势
E. 表明分配数列中变量的变动范围或离差程度

三、计算题

1. 某企业下属三个子公司，2017 年产值计划完成情况如下：

项目	计划产值/万元		实际产值/万元	
	上半年	下半年	上半年	下半年
第一子公司	4 500	5 000	4 650	5 000
第二子公司	5 500	6 200	6 000	6 880
第三子公司	9 800	10 000	9 500	9 500

根据资料计算相对数指标，并对该公司计划完成情况做出分析。

2. 某车间四个生产小组生产同种产品，其日产量资料如下：

组别	工人数/人	日产量/件
1	20	300
2	25	280
3	30	310
4	25	320

（1）计算平均每个小组的日产量；
（2）计算平均每个工人的日产量。

3. 某企业本月分三批购进某种原材料，已知每批购进的价格及总金额如下：

购进批次	价格/（元·吨$^{-1}$）	总金额/元
一	200	16 000
二	190	19 000
三	205	28 700

计算该种原材料的平均购进价格。

4. 某企业生产工人本月完成生产定额的资料如下：

生产定额完成程度/%	工人数/人
80～90	10
90～100	22
100～110	28
110～120	54
120～130	40
130～140	28
140～150	18

根据资料计算算术平均数、中位数和众数。

5. 已知甲班的"高等数学"期末考试成绩，见下表：

按考试成绩分组/分	人数/人
60 以下	4
60～70	15
70～80	30
80～90	27
90 以上	10
合计	86

又知乙班"概率论"平均考试成绩为78分，标准差为12分。
试比较甲、乙两班"概率论"平均考试成绩的代表性高低。

实训项目

收集本班和其他班上一学期某门课程的成绩单，按60分以下，60～70分，70～80分，80～90分和90～100分分为五组，计算本班和其他班这门课程的平均分和标准差，并对比分析哪个班的平均分数代表性更强。

第五章

时间序列分析

任务引入

李垒面临大学毕业,通过上网查询,对某科技公司的招聘信息产生了兴趣。为此,他特意下载了如表5-1所示的这家科技公司五年的基本经营情况。

表5-1　某科技公司2012—2016年相关指标的时间数列

年份	2012	2013	2014	2015	2016
工业产值/万元	3 000	3 500	4 100	4 950	6 300
年末职工人数/人	500	520	555	595	650
产值计划完成程度/%	100	105	120	132	140
职工平均工资/元	1 500	1 670	1 950	2 300	2 850
科技开发投资/万元	5	6	9	12	16

分析资料后,李垒认为:这家科技公司五年来经营状况良好,期间平均劳动生产率为83 964元/人,且呈逐年向上的趋势,工业产值增长110%,职工平均工资增长90%,科技开发投资平均每年递增33.75%,尤其是2015—2016年各项经济指标呈大幅度提高,显然是一家成长型的企业。自己若能在这样的公司里工作,前景一定不错,于是决定向这家企业寄出自己的应聘材料。

在此案例中,李垒就是通过对该公司历年的各项指标进行定量计算,从而对该企业做出了定性的判断。

学习目标

(1) 了解时间数列的种类和构成内容。
(2) 掌握动态分析指标的计算方法及运用条件。
(3) 能够区分各种动态数列,能够运用所学方法结合实际资料进行动态分析。

5.1 时间序列概述

5.1.1 时间序列的概念

时间序列又称时间数列或动态数列，它是将社会经济现象在不同时间上的指标值按其发生的时间先后顺序排列而成的统计数列，例如表5-1就列出了五组时间数列。

时间序列由两个基本要素组成：一是现象所属的时间；二是各时间点上该现象的统计指标数值。

5.1.2 时间序列的种类

时间序列按统计指标的性质不同可分为绝对数时间序列、相对数时间序列和平均数时间序列三种类型。其中，绝对数时间序列是基本数列，其余两种是派生出来的序列。

1. 绝对数时间序列

绝对数时间序列是将同一总体现象的总量指标按其发生的时间先后顺序排列而成的序列，它反映客观现象在各期达到的绝对水平及变化发展状况。它又可分为时期序列和时点序列。例如，表5-1中2012—2016年的工业产值是时期序列，它的每一指标值反映的是现象在一段时期内发展过程的总量；表5-1中的年末职工人数是时点序列，它的每一指标值反映的是现象在某一时点所达到的水平。

时期序列与时点序列的区别是：

1）序列中指标值的可加性不同

时期序列中若干个相邻的指标值可以相加，其和代表在一个较长时期内总体现象发展的总量；时点序列相邻指标相加则没有意义。

2）序列中指标数值的大小与时间长短的关系不同

时期序列与所属的时期有直接关系，一般情况下，时期越长，指标数值越大；而时点序列的指标数值与时间长短（统计时间的间隔长短）无关。

3）获得资料的方法不同

通常，时期序列中的指标数值是通过经常性调查取得的，而时点序列中的指标数值是通过一次性调查取得的。

2. 相对数时间序列

相对数时间序列是由不同时间上的同类相对指标按时间先后顺序排列而成的数列，它反映客观现象对比关系的发展过程和趋势，如表5-1中产值计划完成程度就是相对数时间数列。在相对数时间数列中，由于各个指标值的计算基础不同，因此不能直接相加。

3. 平均数时间序列

把某一总体现象的平均指标按其发生的时间先后顺序排列而成的数列就是平均数时间序列，它反映客观现象一般水平的发展过程和趋势。表5-1中的职工平均工资就是平均数时间数列，其反映了该企业职工工资水平不断提高的变动趋势。

5.1.3 时间序列的作用

时间序列在统计工作和现实中有着很重要的作用，具体来说有以下四个方面：

(1) 可以描述总体现象的发展状态的结果。
(2) 可以研究总体现象变化的方向、速度和幅度。
(3) 可以揭示总体现象变动的规律性,从而对未来的发展做出科学的预测。
(4) 可以对同一现象在不同企业、地区以及国家之间进行比较分析。

5.1.4 时间序列的编制原则

尽可能地保证时间序列中各项指标具有可比性,这是编制时间序列的总原则。具体而言,应遵循以下原则:
(1) 指标的经济内容和含义应统一。如我国税制改革以前的税收收入与税制改革以后的税收收入其内容是不同的,在编制时间序列时,要进行调整,以保证其可比性。
(2) 指标值所属的总体范围应一致。若各时间点的指标值的总体范围不一致,它们彼此之间就缺乏可比性。
(3) 指标值所属的时间应一致。为了准确把握现象的发展规律,时期指标应尽可能保持时期长短一致,时点指标也应尽可能保持时间间隔长度一致。
(4) 指标值的计算口径应一致。即要采用统一的计算方法、计量单位和计价标准。

5.2 时间序列水平分析

编制时间序列是为了进一步做好动态分析。动态分析的指标基本上有两类:一类是现象发展的水平指标;另一类是现象发展的速度指标。水平指标分析是速度指标分析的基础,而速度指标分析则是水平指标分析的继续和深入。

5.2.1 发展水平

在时间序列中,各项具体的指标值称为发展水平,它反映了社会经济现象在不同时间所达到的水平。它一般是总量指标,也可以是相对指标或平均指标。例如,表5-1所示的指标值都是发展水平。

在时间序列中,第一项指标值称为期初水平,一般用符号 a_0 表示;最后一项指标值称为期末水平,用符号 a_n 表示;其余各项指标值称为中间水平,用符号 a_1,a_2,…,a_{n-1} 表示。如表5-1中各项工业产值指标中,期初水平 a_0 为3 000万元,期末水平 a_4 为6 300万元,其余各项数值为中间水平。在动态对比分析中,用来作为对比基础或比较标准的水平,称为基期水平,所分析的那一期水平称为报告期水平。如果将2014年的工业产值与2012年进行对比,那么,2012年的工业产值就是期初水平,也是基期水平,而2014年的工业产值既是期末水平,也是报告期水平。基期和报告期是相对的,可随研究时间和目的的改变而改变。

5.2.2 平均发展水平

平均发展水平又称序时平均数或动态平均数,是对时间序列中各发展水平加以平均而得到的平均数,它用来表示客观现象在一段时间内的一般水平。

序时平均数和静态平均数(亦称一般平均数)一样,都是将各个变量值差异抽象化。

但两者有区别：静态平均数是将总体各单位在同一时间内的数量差异抽象化，从时间截面上反映总体各单位标志值的一般水平；序时平均数则是将总体在不同时间内的数量差异抽象化，从动态过程上反映总体指标值的一般水平。此外，两者的计算依据也不同，静态平均数是根据变量数列计算的，而序时平均数是根据动态数列计算的。

1. 由绝对数时间序列计算的平均发展水平

由于绝对数时间序列分为时期序列和时点序列，它们各具有不同的性质，因而计算其序时平均数的方法也不同。

1）由时期序列计算序时平均数

由于数列中各项指标值相加等于全部时期的总量，因此，可直接采用简单算术平均的方法计算。其计算公式为

$$\bar{a} = \frac{a_1 + a_2 + \cdots + a_n}{n} = \frac{\sum a}{n} \tag{5-1}$$

式中，$\bar{a}$ 表示平均发展水平；a_i 表示各期发展水平；n 表示时期数列项数。

【例 5-1】某企业 2010—2015 年钢产量如表 5-2 所示，求该企业"十二五"时期的钢平均年产值。

表 5-2 某企业 2010—2015 年钢产量

年份	2010	2011	2012	2013	2014	2015
钢产量/万吨	8 956	9 261	9 536	10 124	10 894	11 559

解：钢产量是时期指标，应采用简单算术平均法计算序时平均数，所以钢平均年产量为

$$\bar{a} = \frac{\sum a}{n} = \frac{8\,956 + 9\,261 + 9\,536 + 10\,124 + 10\,894 + 11\,559}{6} = \frac{60\,330}{6} = 10\,055(\text{万吨})$$

2）由时点序列计算序时平均数

在统计工作中，由于不可能掌握现象发展过程中每一时点上的数字，只能间隔一段时间统计其余额，所以，时点序列的序时平均数是假定在某一时间间隔内，现象的增减变动比较均匀或波动不大的前提下推算出来的近似值。为了便于计算，通常假定一天为一个时点，由此，时点序列可分为连续时点序列和间断时点序列，它们计算序时平均数的方法有所不同。

（1）连续时点序列。严格意义上，不可能有连续的时点序列，但统计分析中一般把以天为间隔的时点序列假设为连续时点序列。这又可分为两种情况：

第一种情况，资料是逐日登记、逐日排列的，可采用简单算术平均数的计算方法进行计算，其计算公式形式同式 (5-1)，即

$$\bar{a} = \frac{\sum a}{n}$$

式中，$\bar{a}$ 表示平均发展水平；a 表示每天的时点水平；n 表示天数。

例如，已知某公司一个月内每天的职工人数，要计算该月平均职工人数，可将每天职工人数相加之和除以该月的日历天数。

第二种情况，资料不是逐日变动，只是在发生变动时才加以登记，间隔期长短往往不等，这时就要用每次资料持续不变的时间长度作为分组的权数进行加权平均，计算公式为

$$\bar{a} = \frac{\sum a_i f_i}{\sum f_i} \qquad (5-2)$$

式中，$\bar{a}$ 表示平均发展水平；a_i 表示每天的时点水平；f_i 表示每次持续的间隔时间长度。

【例 5-2】 某公司 3 月份从业人员在册人数资料如表 5-3 所示，求该公司 3 月份平均每天在册人数。

表 5-3　某公司 3 月份在册人数变动情况

日期	1—6 日	7—10 日	11—19 日	20—24 日	25—31 日
在册人数/人	500	508	540	530	520
持续时间/天	6	4	9	5	7

解：3 月份，公司平均每天在册人数

$$\bar{a} = \frac{\sum a_i f_i}{\sum f_i}$$

$$= \frac{500 \times 6 + 508 \times 4 + 540 \times 9 + 530 \times 5 + 520 \times 7}{31} = 522(人)$$

(2) 间断时点序列。在实际统计工作中，为了简化对时点性质的指标的登记手续，往往每隔一定时间登记一次，这就形成了间断时点序列。间断时点序列条件下的序时平均数计算也有两种情况。

第一种情况：时点序列间隔相等。例如，商业企业中的商品储存额、流动资金占用额等，只统计月末数字，这就组成了间隔相等的间断时点序列。当掌握间隔相等的每期期初和期末资料时，可采用"首末折半法"计算。此法假定指标值在两个时点之间的变动是均匀的，先一一求出相邻两个时点指标值的平均数，再根据它们计算整个数列的序时平均数。其计算公式为

$$\bar{a} = \frac{\dfrac{a_1+a_2}{2} + \dfrac{a_2+a_3}{2} + \cdots + \dfrac{a_{n-1}+a_n}{2}}{n-1} \qquad (5-3)$$

$$= \frac{\dfrac{a_1}{2} + a_2 + \cdots + a_{n-1} + \dfrac{a_n}{2}}{n-1}$$

【例 5-3】 某企业某年第三季度各月末职工人数资料如表 5-4 所示，求第三季度该企业的平均人数。

表 5-4　某企业某年第三季度各月末职工人数

时间	6 月	7 月	8 月	9 月
月末人数/人	100	86	104	114

解：该企业第三季度平均人数

$$\bar{a} = \frac{\frac{a_1}{2} + a_2 + \cdots + a_{n-1} + \frac{a_n}{2}}{n-1}$$

$$= \frac{\frac{100}{2} + 86 + 104 + \frac{114}{2}}{4-1} = 99（人）$$

第二种情况：时点序列间隔不相等。假定指标值在两个时点之间的变动是均匀的，先求两时点指标值的平均数，然后以间隔时间为权数进行加权平均，其计算公式为

$$\bar{a} = \frac{\left(\frac{a_1+a_2}{2}\right) \times f_1 + \left(\frac{a_2+a_3}{2}\right) \times f_2 + \cdots + \left(\frac{a_{n-1}+a_n}{2}\right) \times f_{n-1}}{n-1} = \frac{\sum \bar{a}_i f_i}{\sum f_i} \quad (5-4)$$

【例 5-4】某公司某年从业人员在册人数共登记了 5 次，其资料如表 5-5 所示，求该公司全年平均每天在册人数。

表 5-5　某公司某年从业人员在册人数登记情况

时间	1月1日	4月1日	8月1日	11月1日	12月31日
在册人数/人	500	508	540	530	520

解：该公司全年平均每天在册人数

$$\bar{a} = \frac{\sum \bar{a}_i f_i}{\sum f_i}$$

$$= \frac{\left(\frac{500+508}{2}\right) \times 3 + \left(\frac{508+540}{2}\right) \times 4 + \left(\frac{540+530}{2}\right) \times 3 + \left(\frac{530+520}{2}\right) \times 2}{3+4+3+2}$$

$$= 521.92（人）$$

应该注意：采用这种方法计算所得的序时平均数是以假定现象在各个时点之间处于均匀变动为条件的，实际不然，故是近似值。为了使其尽可能接近实际，各时点之间的间隔距离不宜过长。

2. 由相对数时间序列计算的平均发展水平

相对数时间序列是由具有相互联系的两个绝对数时间序列相应项对比所形成的数列，因此，要先分别计算出其相应的子项、母项这两个绝对数时间序列的序时平均数（$\bar{a}$、$\bar{b}$），然后进行对比，以求得相对数时间序列的序时平均数（$\bar{c}$）。用公式表示为

$$\bar{c} = \frac{\bar{a}}{\bar{b}} \quad (5-5)$$

式中，$\bar{a}$ 表示相对数时间序列相应的分子数列的序时平均数；$\bar{b}$ 表示相对数时间序列相应的分母数列的序时平均数。

分子 $\bar{a}$ 和分母 $\bar{b}$ 的计算，要根据指标的性质是时期序列还是时点序列，采用不同的计算方法求得。下面分别说明由各种相对数时间序列计算的序时平均数。

1) 由两个时期序列对比所组成的相对数时间序列计算序时平均数

（1）如果相对数比值的子项和母项资料都齐备，那么其计算公式为

$$\bar{c} = \frac{\bar{a}}{\bar{b}} = \frac{\frac{\sum a}{n}}{\frac{\sum b}{n}} = \frac{\sum a}{\sum b} \quad (5-6)$$

（2）缺子项资料的用加权算术平均数计算，其计算公式为

$$\bar{c} = \frac{\bar{a}}{\bar{b}} = \frac{\frac{\sum a}{n}}{\frac{\sum b}{n}} = \frac{\frac{\sum bc}{n}}{\frac{\sum b}{n}} = \frac{\sum bc}{\sum b} \quad (5-7)$$

（3）缺母项资料的用加权调和平均数计算，其计算公式为

$$\bar{c} = \frac{\bar{a}}{\bar{b}} = \frac{\frac{\sum a}{n}}{\frac{\sum b}{n}} = \frac{\frac{\sum a}{n}}{\sum \frac{a}{c}} = \frac{\sum a}{\sum \frac{a}{c}} \quad (5-8)$$

【例 5-5】某公司 2016 年第二季度生产情况如表 5-6 所示，计算该公司 2016 年第二季度平均月计划完成程度。

表 5-6　某公司 2016 年第二季度生产情况

时间	4 月	5 月	6 月
实际产量 a/件	500	618	872
计划产量 b/件	500	600	800
计划完成程度 c/%	100	103	109

解：对上述三个公式的应用，可视掌握资料的具体情况而定，即

（1）若子项和母项齐备，则平均计划完成程度为

$$\bar{c} = \frac{\sum a}{\sum b} = \frac{500 + 618 + 872}{500 + 600 + 800} = \frac{1\,990}{1\,900} = 104.74\%$$

（2）若缺子项资料，则平均计划完成程度为

$$\bar{c} = \frac{\sum bc}{\sum b} = \frac{500 \times 100\% + 600 \times 103\% + 800 \times 109\%}{500 + 600 + 800} = \frac{1\,990}{1\,900} = 104.74\%$$

（3）若缺母项资料，则平均计划完成程度为

$$\bar{c} = \frac{\sum a}{\sum \frac{a}{c}} = \frac{500 + 618 + 872}{\frac{500}{100\%} + \frac{618}{103\%} + \frac{872}{109\%}} = \frac{1\,990}{1\,900} = 104.74\%$$

可见，三个公式的计算结果是完全相同的。

2) 由两个时点序列对比所组成的相对数时间序列计算序时平均数

由两个时点序列对比所组成的相对数时间序列计算序时平均数，其计算公式为

$$\bar{c} = \frac{\bar{a}}{\bar{b}} = \frac{\dfrac{\dfrac{a_1}{2} + a_2 + a_3 + \cdots + \dfrac{a_n}{2}}{n-1}}{\dfrac{\dfrac{b_1}{2} + b_2 + b_3 + \cdots + \dfrac{b_n}{2}}{n-1}} = \frac{\dfrac{a_1}{2} + a_2 + a_3 + \cdots + \dfrac{a_n}{2}}{\dfrac{b_1}{2} + b_2 + b_3 + \cdots + \dfrac{b_n}{2}} \tag{5-9}$$

【例5-6】某企业2015年第一季度各月月末女职工占职工比例情况如表5-7所示，求第一季度平均女职工比例。

表5-7 某企业2015年第一季度职工分布情况

时间	1月初	2月初	3月初	4月初
女职工人数 a/人	340	360	380	400
全部职工人数 b/人	580	600	610	620
女职工所占比例 c/%	58.62	60	62.29	64.52

解：该企业2015年第一季度平均女职工所占比例为

$$\bar{c} = \frac{\bar{a}}{\bar{b}} = \frac{\dfrac{\dfrac{a_1}{2} + a_2 + a_3 + \cdots + \dfrac{a_n}{2}}{n-1}}{\dfrac{\dfrac{b_1}{2} + b_2 + b_3 + \cdots + \dfrac{b_n}{2}}{n-1}} = \frac{\dfrac{340}{2} + 360 + 380 + \dfrac{400}{2}}{\dfrac{580}{2} + 600 + 610 + \dfrac{620}{2}} = 61.33\%$$

3) 由一个时期序列和一个时点序列对比所组成的相对数时间序列计算序时平均数

当分子数列和分母数列性质不同时，应分别根据它们的不同性质选择相应的方法求其平均数，再将两值对比求出相对指标时间序列的序时平均数。

【例5-7】某商场2015年第一季度商品流转次数情况如表5-8所示，求第一季度月平均商品流转次数。

表5-8 某商场2015年第一季度商品流转次数情况

时间	1月	2月	3月	4月
商品销售额 a/万元	100	120	150	145
月初商品库存额 b/万元	50	55	45	52
商品流转次数 c/次	1.9	2.4	3.1	—

解：该企业2015年第一季度月平均商品流转次数为

$$\bar{c} = \frac{\bar{a}}{\bar{b}}$$

$$= \frac{\dfrac{\sum a}{n}}{\dfrac{\dfrac{b_1}{2} + b_2 + \cdots + \dfrac{b_n}{2}}{n-1}}$$

$$= \frac{\frac{100+120+150}{3}}{\frac{50}{2}+55+45+\frac{52}{2}} = 2.45(次)$$

如果将月平均商品流转次数（$\bar{c}$）乘以月数（n），则可求出第一季度的商品流转次数，即

$$\bar{c}n = 2.45 \times 3 = 7.35 \text{（次）}$$

3. 由平均数时间序列计算的平均发展水平

平均数时间序列可以由一般平均数或序时平均数组成。由于这两种平均数性质不同，故计算序时平均数的方法也不相同。

1）根据一般平均数组成的时间数列计算序时平均数

由于一般平均数也是由两个数值对比而成，其性质与相对数相似，因此，可参照前面讲过的有关相对数时间数列求序时平均数的各种方法来计算。其计算公式为

$$\bar{c} = \frac{\bar{a}}{\bar{b}}$$

【例5-8】某工厂上半年总产值和职工人数资料如表5-9所示，计算该厂上半年月平均劳动生产率（月平均劳动生产率=月平均总产值/月平均工人人数）。

表5-9 某工厂上半年总产值和每月初工人人数资料

时间	1月	2月	3月	4月	5月	6月	7月
总产值 a/万元	700	750	760	880	920	1 000	1 200
月初工人数 b/人	800	820	820	880	880	900	920
劳动生产率 c/（元·人$^{-1}$）	8 642	9 146	8 941	10 000	10 337	10 989	

解： 该厂上半年月平均劳动生产率为

$$\bar{c} = \frac{\bar{a}}{\bar{b}}$$

$$= \frac{\frac{\sum a}{n}}{\frac{\frac{b_1}{2}+b_2+\cdots+\frac{b_n}{2}}{n-1}}$$

$$= \frac{\frac{700+750+760+880+920+100}{6}}{\frac{\frac{800}{2}+820+820+880+880+900+\frac{920}{2}}{7-1}}$$

$$= 9\ 709.30(元/人)$$

2）根据序时平均数组成的时间数列计算序时平均数

构成动态数列的各个指标值本身已是按序时平均法计算的结果，因此，当时间间隔相等时，可直接采用算术平均法计算其平均数。例如，知道一年四个季度的平均人数，则把它们

相加再除以 4，即可得年平均人数。当时间间隔不相等时，则采用加权算术平均数法计算其平均数，权数为相应的间隔期。

5.2.3 增长量

增长量是时间序列中两个发展水平的数值之差，它反映客观现象在一定时期内增长的绝对数量。其计算公式为

$$增长量 = 报告期水平 - 基期水平 \qquad (5-10)$$

【例 5-9】某企业年产值 2012 年为 95 533 万元，2011 年为 89 404 万元，则 2012 年与 2011 年相比，该企业年产值的增长量为

$$95\ 533 - 89\ 404 = 6\ 129（万元）$$

增长量可用来说明客观现象发展变化的方向和规模。其数量值可能为正值，表示增加的绝对数量；也可能为负值，表示减少或降低的绝对数量。如上例中，国内生产总值是增长的，增长的幅度是 6 129 万元。由于基期的选择不同，增长量又可分为以下两种。

1）逐期增长量

逐期增长量是报告期水平与上一期发展水平之差，反映现象逐期增长或减少的绝对数量，用符号表示为

$$a_1 - a_0,\ a_2 - a_1,\ a_3 - a_2,\ \cdots,\ a_n - a_{n-1}$$

2）累计增长量

累计增长量是报告期水平与某一固定时期水平之差，反映现象经过较长时间总的增长或减少的绝对数值，用符号表示为

$$a_1 - a_0,\ a_2 - a_0,\ a_3 - a_0,\ \cdots,\ a_n - a_0$$

逐期增长量与累计增长量的关系是：

(1) 逐期增长量之和等于相应时期的累计增长量，即

$$(a_1 - a_0) + (a_2 - a_1) + (a_3 - a_2) + \cdots + (a_n - a_{n-1}) = a_n - a_0$$

(2) 相邻累计增长量之差等于相应时期的逐期增长量，即

$$(a_4 - a_0) - (a_3 - a_0) = a_4 - a_3$$

【例 5-10】现以 2009—2014 年某地粮食产量资料为例，用表 5-10 说明上述两种增长量之间的关系。

表 5-10 2009—2014 年某地粮食产量逐期增长量与累计增长量关系示例

年份	2009	2010	2011	2012	2013	2014
粮食产量/万吨	13 831	14 009	14 210	14 524	14 608	15 005
逐期增长量/万吨	—	178	201	314	84	397
累计增长量/万吨	—	178	379	693	777	1 174

由表 5-10 可以直观地看出逐期增长量与累计增长量的关系。例如，2010—2014 年的逐期增长量之和等于 2014 年以 2009 年为基期的累计增长量，均为 1 174 万吨；以 2009 年为基期的 2014 年的累计增长量与 2013 年的累计增长量之差为 2013—2014 年的逐期增长量 397 万吨。

5.2.4 平均增长量

平均增长量是时间序列中各逐期增长量的序时平均数，它反映客观现象在一定时期内平均每期增长的数量。其计算公式为

$$\text{平均增长量} = \frac{\text{逐期增长量之和}}{\text{逐期增长量个数}} = \frac{\text{累计增长量}}{\text{时间数列项数} - 1} \quad (5-11)$$

【例 5-11】根据表 5-10 计算某地 2009—2014 年粮食产量的年平均增长量。

解：年平均增长量 $= \dfrac{178 + 201 + 314 + 84 + 397}{5} = \dfrac{1174}{6-1} = 234.8$（吨）

5.3 时间序列速度分析

要对社会经济现象发展变动的快慢程度进行研究，就要计算速度指标。常用的速度指标有四种：发展速度、增长速度、平均发展速度和平均增长速度。

5.3.1 发展速度

发展速度是根据两个不同时期的发展水平相对比而求得的，一般用百分数或倍数表示，其计算公式为

$$\text{发展速度} = \frac{\text{报告期水平}}{\text{基期水平}} \times 100\% \quad (5-12)$$

计算发展速度时，根据所选基期的不同，又可分为环比发展速度和定基发展速度两种。

1）环比发展速度

环比发展速度是各报告期水平与前一期水平之比，用来说明报告期水平相当于前一期水平的多少倍或百分之几，说明现象逐期发展变化的相对程度。各期的环比发展速度可用符号表示为

$$\frac{a_1}{a_0}, \frac{a_2}{a_1}, \frac{a_3}{a_2}, \cdots, \frac{a_n}{a_{n-1}}$$

2）定基发展速度

定基发展速度是各报告期水平与某一固定基期（通常为期初水平）之比，反映现象在一段较长时期内总的发展速度，故又称为总速度。各期的定基发展速度可用符号表示为

$$\frac{a_1}{a_0}, \frac{a_2}{a_0}, \frac{a_3}{a_0}, \cdots, \frac{a_n}{a_0}$$

环比发展速度与定基发展速度之间的关系是：

(1) 环比发展速度之积等于相应的定基发展速度，即

$$\frac{a_1}{a_0} \times \frac{a_2}{a_1} \times \frac{a_3}{a_2} \times \cdots \times \frac{a_n}{a_{n-1}} = \frac{a_n}{a_0}$$

(2) 相邻两期定基发展速度之商，等于相应的环比发展速度，即

$$\frac{a_2}{a_0} \bigg/ \frac{a_1}{a_0} = \frac{a_2}{a_0} \times \frac{a_0}{a_1} = \frac{a_2}{a_1}$$

利用上述关系可以进行两种发展速度之间的推算。

【例 5-12】现以 2010—2015 年某地粮食产量资料为例，用表 5-11 说明上述两种发展速度之间的关系。

表 5-11　2010—2015 年某地粮食产量环比发展速度与定基发展速度关系示例

年份	2010	2011	2012	2013	2014	2015
粮食产量/万吨	13 831	14 009	14 210	14 524	14 608	15 005
环比发展速度/%	—	101.29	101.43	102.21	100.58	102.72
定基发展速度/%	100	101.29	102.74	105.01	105.62	108.49

解：2015 年的定基发展速度 = 101.29% × 101.43% × 102.21% × 100.58% × 102.72%
　　　　　　　　　　　　= 108.49%
　　　2014 年的环比发展速度 = 105.62% ÷ 105.01% = 100.58%

5.3.2　增长速度

增长速度可以根据增长量与基期发展水平对比求得，通常也用百分比或倍数表示。其计算公式为

$$\text{增长速度} = \frac{\text{增长量}}{\text{基期发展水平}} \tag{5-13}$$

增长速度和发展速度既有区别又有联系。两者的根本区别在于概念不同：增长速度表示客观现象报告期比基期增长的程度，发展速度则表示报告期与基期相比发展到了什么程度。两者的联系可用公式表示为

$$\begin{aligned}\text{增长速度} &= \frac{\text{增长量}}{\text{基期发展水平}} \times 100\% \\ &= \frac{\text{报告期水平} - \text{基期发展水平}}{\text{基期发展水平}} \times 100\% \\ &= \text{发展速度率} - 1\end{aligned} \tag{5-14}$$

由于所选基期的不同，增长速度也有环比增长速度和定基增长速度之分。

(1) 环比增长速度。环比增长速度是逐期增长量与前一期发展水平之比的相对数，它表示客观现象逐期的增长速度。其计算公式为

$$\text{环比增长速度} = \frac{\text{逐期增长量}}{\text{前一期发展水平}} = \text{环比发展速度} - 1 \tag{5-15}$$

(2) 定基增长速度。定基增长速度是累计增长量与某一固定时期水平之比的相对数，它表示客观现象在较长时期内总的增长速度。其计算公式为

$$\text{定基增长速度} = \frac{\text{累计增长量}}{\text{期初水平}} = \text{定基发展速度} - 1 \tag{5-16}$$

需要注意的是，环比增长速度和定基增长速度之间是不能直接相互换算的。如要进行换算，则需先将各期环比增长速度加 1 或加 100% 化为发展速度，再连乘求得定基发展速度，然后再从计算结果中减去 1 或 100%，才能求得相应的定基增长速度。

【例 5-13】以表 5-12 所示的 2009—2014 年某地粮食产量资料为例，计算环比增长速度和定基增长速度。

表 5-12　2009—2014 年某地粮食产量逐期增长量与累计增长量关系示例

年份	2009	2010	2011	2012	2013	2014
粮食产量/万吨	13 831	14 009	14 210	14 524	14 608	15 005
逐期增长量/万吨	—	178	201	314	84	397
累计增长量/万吨	—	178	379	693	777	1174
环比发展速度/%	—	101.29	101.43	102.21	100.58	102.72
定基发展速度/%	100	101.29	102.74	105.01	105.62	108.49
环比增长速度/%	—	1.29	1.43	2.21	0.58	2.72
定基增长速度/%	—	1.29	2.74	5.01	5.62	8.49

如果已知 2009—2014 年期间每年的环比增长速度，要求总的增长速度，则计算过程为

五年期间总的增长速度 = [(1.29% + 100%) × (1.43% + 100%) × (2.21% + 100%) × (0.58% + 100%) × (2.72% + 100%)] − 100%

= 8.49%

通过计算，我们证实环比增长速度的连乘不等于定基增长速度，所以不能进行数量上的直接推算。

5.3.3　平均发展速度

平均发展速度是各期环比发展速度的序时平均数，用以说明客观现象在一段较长时期内发展程度的一般水平。由于环比发展速度是动态相对数，因此，不能采用上述所用的计算序时平均数的方法来计算。平均发展速度通常按几何平均法计算。其计算公式为

$$\overline{X} = \sqrt[n]{X_1 X_2 X_3 \cdots X_n} = \sqrt[n]{\prod X} \tag{5-17}$$

式中，$\overline{X}$ 表示平均发展速度；X 表示各期环比发展速度；n 表示环比发展速度的项数；$\prod$ 表示连乘符号。

由于环比发展速度的连乘积等于 R 定基发展速度，于是

$$\overline{X} = \sqrt[n]{\frac{a_1}{a_0} \times \frac{a_2}{a_1} \times \frac{a_3}{a_2} \times \cdots \times \frac{a_n}{a_{n-1}}} = \sqrt[n]{\frac{a_n}{a_0}} \tag{5-18}$$

通常，我们称定基发展速度为总速度，记为 R。由于总速度 R 等于期末水平（a_n）与最初水平（a_0）之比，于是

$$\overline{X} = \sqrt[n]{R} \tag{5-19}$$

对上述三个公式的应用，可视所掌握的资料的具体情况而定。

【例 5-14】现以表 5-12 为例，采用上述三种公式计算某地 2009—2014 年粮食产量的平均发展速度为

$$\overline{X} = \sqrt[n]{X_1 X_2 X_3 \cdots X_n} = \sqrt[5]{101.29\% \times 101.43\% \times 102.21\% \times 100.58\% \times 102.72\%} = 101.64\%$$

或

$$\overline{X} = \sqrt[n]{\frac{a_n}{a_0}} = \sqrt[5]{\frac{15\,005}{13\,831}} = 101.64\%$$

或

$$\overline{X} = \sqrt[n]{R} = \sqrt[5]{108.49\%} = 101.64\%$$

几何平均法的实质是以期初发展水平（a_0）为基期，按平均发展速度发展可以达到的预期水平（a_n），所以几何平均法又称水平法。

由式 (5-18) $\overline{X} = \sqrt[n]{\dfrac{a_n}{a_0}}$，可得

$$a_n = a_0 \overline{X}^n \qquad (5-20)$$

若要计算客观现象在最后一年应达到的水平，则可以用式（5-20）进行推算。

【例 5-15】 已知某地粮食产量 2014 年为 10 550 万吨，2009—2014 年期间粮食产量的平均发展速度为 101.64%。若以此速度继续发展，则至 2017 年该地产量将达到多少万吨？

解：2017 年该地粮食产量 $a_n = a_0 \overline{X}^n$

$$= 10\,550 \times (101.64\%)^3 = 11\,077.62 \text{（万吨）}$$

5.3.4 平均增长速度

平均增长速度是各期环比增长速度的序时平均数，说明客观现象在一段较长时间内逐期增长的平均程度。平均增长速度比平均发展速度能更明显地反映现象的发展变化程度，但平均增长速度不能直接根据各个环比增长速度加以平均求得，而应根据它与平均发展速度的关系求得。其公式计算为

$$\text{平均增长速度} = \text{平均发展速度} - 1 \text{（或减 100\%）} \qquad (5-21)$$

【例 5-16】 某地 2009—2014 年期间粮食产量的总速度为 108.49%，求年平均增长速度。

解：年平均增长速度 $= \overline{X} - 1 = \sqrt[n]{R} - 1 = \sqrt[5]{108.49\%} - 1 = 1.64\%$

5.3.5 计算与应用动态分析指标时应注意的问题

（1）应结合具体的研究目的，选择最恰当的基期，以使计算结果能够反映实际情况。基期选择不妥，会影响分析的准确性。

（2）应用几何平均法计算平均发展速度，要注意环比发展速度的同质性，只有在经济发展情况比较稳定时才可使用。如果中间各期发展水平忽高忽低或者期初和期末水平受特殊因素的影响而过高或过低，应用几何平均法计算平均发展速度时，其计算结果就不够准确，不能确切说明实际情况。

（3）应把平均指标与其他指标如发展水平、增长量、环比速度、定基速度相结合运用，这样可以使其相互补充，起到分析研究和补充说明作用，以便对现象有比较确切和完整的认识。

（4）应采用分段平均速度来补充说明总平均速度。这在分析较长历时时期资料时尤为重要，因为全时期平均发展速度虽然能够反映现象在较长历时时期内逐期平均发展的程度，但它掩盖了现象在不同时期的波动情况。因此，有必要计算分段平均速度来补充说明总平均速度。

5.4 时间序列的影响因素分析

时间序列的构成可以分成四类：长期趋势、循环变动、季节变动和不规则变动。把这些变动与时间数列的关系用一定的数学关系式表示，就构成了时间数列的分解模型。其种类有很多，最基本的种类是加法模型和乘法模型。

加法模型是假定四种影响因素是相互独立的，则时间序列各期发展水平是各个影响因素相加的总和。其表现形式为

$$Y = T + S + C + I$$

式中，Y 表示时间数列（总变动）；T 表示长期趋势；S 表示季节变动；C 表示循环变动；I 表示不规则变动。

乘法模型是假定四种影响因素存在某种相互影响的关系，互不独立，则时间序列各期发展水平是各个影响因素相乘之积。其表现形式为

$$Y = T \times S \times C \times I$$

5.4.1 长期趋势分析

长期趋势是指现象在较长时期内持续发展变化的方向和状态。研究长期趋势，对正确认识事物发展变化的数量规律有重要意义。

长期趋势是现象在一段较长的时间内，由于普遍的、持续的、决定性的基本因素的作用，使发展水平沿着一个方向逐渐向上或向下变动的趋势。

在一个长期的时间序列中，影响序列中指标数值升降变动的因素是多方面的，除了长期趋势外，另有一些因素短期起作用，造成短期的波动，还有一些偶然性因素，造成不规则的偶然变动，在按月或按季资料中，有不少现象还存在季节变动。在一个时间序列中，这几种变动往往是互相交织在一起的。现象变动的长期趋势就体现在这种多因素相互交织作用所形成的波动中，只有把波动修匀之后，才能体现出趋势的状态和走向。

长期趋势的分析，就是用一定的方法对动态数列进行修匀，使修匀后的序列排除季节变动、偶然变动等因素的影响，显示出现象变动的基本趋势，作为预测的依据。

1. 移动平均法

移动平均法是通过对原有的时间序列进行修匀，以测定长期趋势的一种比较简单的方法。即对时间数列采用逐项移动的办法按一定时期分别计算一系列序时平均数，形成一个派生的时间数列。

所谓移动平均，就是从时间序列的第一位数值开始，按一定项数求序时平均数，逐项移动，边移动边平均。这样就可以得到一个由移动平均数构成的新的时间序列，这个派生的新时间序列把原序列中的某些不规则变动加以修匀，变动更平滑，趋势倾向更明显，可以更深刻地描述现象发展的基本趋势。

【例 5-17】以某商场 2003—2015 年的商品销售额资料（见表 5-13）为例，说明移动平均法的计算方法。

表 5 – 13　某商场 2003—2015 年的商品销售额资料

年份	销售额/万元	三项移动平均/万元	五项移动平均/万元
2003	1 545	—	
2004	1 535	1 540	—
2005	1 540	1 539	1 544
2006	1 542	1 547	1 567
2007	1 560	1 587	1 578
2008	1 660	1 603	1 588
2009	1 588	1 612	1 598
2010	1 589	1 590	1 609
2011	1 593	1 598	1 610
2012	1 613	1 624	1 627
2013	1 665	1 651	1 646
2014	1 676	1 675	—
2015	1 683	—	—

由表 5 – 13 可以看出，移动平均法把短期不规律的变动修匀掉了，明显地显现出现象的变化趋势。而且，移动的项数越多对原数列修匀的程度越强，但得到的新数列的项数越少。上例中经五项移动平均修匀后的数列比三项移动平均修匀后的数列更能显示出现象的上升趋势。

移动项数的确定是一个重要问题，因为移动项数的多少直接影响修匀的程度。一般来说，移动项数越多，修匀的作用就越大，而所得出的移动平均数的项数也就越少；反之，移动项数越少，修匀的作用就越小，所得出的移动平均数的项数也就越多。移动项数的确定应注意动态数列水平波动的周期性。一般要求移动项数与周期变动的时距相吻合，或为它的整倍数。例如，对于具有季度或月份水平资料的时期数列，经受每年季节性的涨落，主要必须清除季节变动因素，以运用四项或八项移动平均项数为宜。在以年为单位的数据所形成的动态数列中，所要清除的是循环变动和不规则变动因素，这时可借助动态数列水平的观察，查看循环周期大体是几年，就相应采用几年移动平均。而且用奇数项移动平均数会相对简便，每次移动平均值应对准所平均时期的正中间，奇数项移动平均数正好对着中间时期，一次平均即可，偶数项移动平均因为中点错了半期，需要再作一次两项移动平均才能正过来。可见，偶数项移动平均计算较繁琐，故一般多用奇数项移动平均。

采用移动平均法测定事物发展的长期趋势，其优点是简单易行，便于操作，同时它的局限性亦很明显。

2. 最小平方法

最小平方法是研究现象长期发展趋势和预测的最常用方法。它是依据时间序列的观察值与趋势值的离差平方和为最小值的基本要求，拟合一种趋势模型，然后利用多元函数求极值的方法，推导出标准联立方程组，并求其参数，确定趋势模型，进而测定各期的趋势值，形成一条较为理想的趋势线。此方法可以拟合直线趋势，也可以拟合曲线趋势。这里仅介绍直线趋势模型的拟合方法。

如果时间序列的逐期增长量大致相等，则现象呈现出近似于直线形式的变动趋势，此时应采用直线趋势模型予以拟合。其模型用符号表示为

$$\hat{y} = a + bt \tag{5-22}$$

式中，$\hat{y}$ 表示时间序列的趋势值；t 表示时间序列的时间序号；参数 a、b 分别表示直线的截距和斜率。根据数学分析中的极值原理，可解参数 a、b 的标准联立方程组为

$$\left. \begin{array}{l} \sum y = na + b\sum t \\ \sum ty = a\sum t + b\sum t^2 \end{array} \right\}$$

式中，n 表示时间序列的项数。解联立方程式可得

$$\left. \begin{array}{l} b = \dfrac{n\sum ty - \sum t \sum y}{n\sum t^2 - (\sum t)^2} \\ a = \dfrac{\sum y}{n} - b\dfrac{\sum t}{n} = \bar{y} - b\bar{t} \end{array} \right\} \tag{5-23}$$

将时间数列资料代入拟合的直线趋势模型中，便可得到与实际观察值相对应的直线趋势方程。借助直线趋势方程既可认识现象的各种变化动态，还可预测未来。

【例 5 – 18】 以表 5 – 14 所示的某地区 2005—2014 年粮食产量资料为例，介绍最小平方法的应用。

表 5 – 14　某地区 2005—2014 年粮食产量资料

年份	时间序号 t	粮食产量 y/万吨	t^2	ty	$\hat{y}$
(1)	(2)	(3)	(4)	(5)	(6)
2005	1	508	1	508	490.66
2006	2	639	4	1 278	644.58
2007	3	782	9	2 346	798.5
2008	4	944	16	3 776	952.42
2009	5	1 106	25	5 530	1 106.34
2010	6	1 270	36	7 620	1 260.26
2011	7	1 416	49	9 912	1 414.18
2012	8	1 580	64	12 640	1 568.1
2013	9	1 710	81	15 390	1 722.02
2014	10	1 878	100	18 780	1 875.94
合计	55	11 833	385	77 780	

解：将表 5 – 14 中有关数据代入式 (5 – 23)，得

$$b = \frac{n\sum ty - \sum t \sum y}{n\sum t^2 - (\sum t)^2} = \frac{10 \times 77\,780 - 55 \times 11\,833}{10 \times 385 - 55^2} = 153.92$$

$$a = \frac{\sum y}{n} - b\frac{\sum t}{n} = \frac{11\,833}{10} - 153.92 \times \frac{55}{10} = 336.74$$

所以，拟合直线趋势方程为

$$\hat{y} = 336.74 + 153.92t$$

然后，将表5-14中各年时间序号值代入上面的方程式，便可求得各年的趋势值，详见表5-14第六栏。如果要预测该地区2018年的粮食产量，则可估算为

$$\hat{y} = 336.74 + 153.92 \times 14 = 2\,491.62 \text{（万元）}$$

5.4.2 季节变动分析

季节变动对某些部门的生产经营活动和人们的经济生活有一定的影响，所以要对它进行测定，查看它的规律性和变化情况。测定季节变动对实际工作有重要意义。掌握了季节变动的规律性，有利于指导工作。

测定季节变动的最常用方法是按月（季）平均法。按月（季）平均法是指不考虑现象长期趋势的影响，以历年的各月（季）平均数同全时期月（季）平均数相比求得季节指数来反映现象季节规律的方法。这种方法适合于不含长期趋势的季节变动分析。

测定季节变动的步骤为：

（1）计算出各年同月（季）平均数。

（2）计算出各年所有月（季）的总平均数。

（3）将各年同月（季）平均数与总平均数进行对比，求得季节指数（可称为季节比率）。如果某月（季）的季节指数大于100%，则该月（季）为旺季；如果小于100%，则为淡季。季节指数的计算公式为

$$\text{季节指数} = \frac{\text{各年同月（季）平均数}}{\text{总的月（季）平均数}} \times 100\% \tag{5-24}$$

【例5-19】某企业2012—2015年各月空调销售量如表5-15所示，计算各月的季节指数。

表5-15 某企业2012—2015年各月空调销售量　　　　单位：万台

时间	2012年	2013年	2014年	2015年
1月	2.1	3.8	4.3	4.5
2月	2.5	3.7	3.8	4.0
3月	5.5	8.3	6.5	4.2
4月	8.6	10.0	10.6	11.0
5月	17.6	19.3	21.9	20.0
6月	21.1	25.5	30.3	32.0
7月	17.9	21.2	20.5	24.0
8月	10.7	11.4	10.8	11.5

续表

时间	2012年	2013年	2014年	2015年
9月	3.4	7.3	4.9	5.0
10月	2.8	3.4	3.8	4.2
11月	1.6	2.3	2.8	3.5
12月	2.1	3.0	3.1	2.8

解：首先，计算各年同月的算术平均数，填入表中，如

$$1月份平均数 = \frac{2.1+3.8+4.3+4.5}{4} = 3.675$$

其次，计算总的月平均值：

$$总的月平均值 = \frac{116.275}{12} = 9.69$$

最后，计算每月的季节指数。

理论上，1—12月的季节指数之和应等于1 200%（季度之和为400%），但是由于计算中的四舍五入，季节指数或大于或小于1 200%。对此，应计算调整系数，予以调整。季节指数计算表如表5－16所示。

$$调整系数 = \frac{理论季节指数之和}{实际季节指数之和}$$

表5－16 季节指数计算表

时间	2012年	2013年	2014年	2015年	同月合计	同月平均值	各月季节指数/%
1月	2.1	3.8	4.3	4.5	14.7	3.675	37.93
2月	2.5	3.7	3.8	4.0	14.0	3.500	36.12
3月	5.5	8.3	6.5	4.2	24.5	6.125	63.21
4月	8.6	10.0	10.6	11.0	40.2	10.05	103.37
5月	17.6	19.3	21.9	20.0	78.8	19.7	203.30
6月	21.1	25.5	30.3	32.0	108.9	27.225	280.96
7月	17.9	21.2	20.5	24.0	83.6	20.900	215.70
8月	10.7	11.4	10.8	11.5	44.4	11.100	114.55
9月	3.4	7.3	4.9	5.0	20.6	5.150	53.15
10月	2.8	3.4	3.8	4.2	14.2	3.550	36.64
11月	1.6	2.3	2.8	3.5	10.2	2.550	26.32
12月	2.1	3.0	3.1	2.8	11.0	2.750	28.38
全年合计	95.9	119.2	123.3	126.7	465.1	116.275	1 200.00
全年月平均	7.99	9.93	10.28	10.56	38.76	9.69	100

从计算结果可以看出，5月、6月、7月、8月的销售量很大，是销售的旺季。

思考练习题

一、单项选择题

1. 下列数列中属于动态数列的是（　　）。
   A. 学生按学习成绩高低分组形成的数列
   B. 工业企业按地区分组形成的数列
   C. 职工按工资水平高低排列形成的数列
   D. 出口额按时间先后顺序排列形成的数列

2. 下面四个动态数列中，属于时点数列的是（　　）。
   A. 历年招生人数动态数列　　　　B. 历年在校生人数动态数列
   C. 历年在校生增加人数动态数列　D. 历年毕业生人数动态数列

3. 某企业产品的产量年年增加 5 万吨，则该产品产量的环比增长速度（　　）。
   A. 年年下降　　　　　　　　　　B. 年年增长
   C. 年年保持不变　　　　　　　　D. 无法做出结论

4. 若各年环比增长速度保持不变，则各年增长量（　　）。
   A. 逐年增加　　　　　　　　　　B. 逐年减少
   C. 保持不变　　　　　　　　　　D. 无法做出结论

5. 已知各期环比增长速度为 4%、5%、6%，则定基增长速度为（　　）。
   A. 4%×5%×6%　　　　　　　　　B. （4%×5%×6%）－100%
   C. 104%×105%×106%　　　　　　D. （104%×105%×106%）－100%

6. 某企业的产值 2013 年比 2010 年增加 120%，2012 年比 2010 年增加 100%，则 2013 年比 2012 年的产值增长为（　　）。
   A. 10%　　　B. 20%　　　C. 110%　　　D. 120%

7. 平均增减速度是（　　）。
   A. 环比增减速度的几何平均数　　B. 定基总增长速度的算术平均数
   C. 平均发展速度减 1　　　　　　D. 环比增减速度的算术平均数

8. 说明现象在较长时期内发展的总速度的指标是（　　）。
   A. 环比发展速度　　　　　　　　B. 平均发展速度
   C. 定基发展速度　　　　　　　　D. 定基增长速度

二、多项选择题

1. 一个动态数列的基本要素包括（　　）。
   A. 变量　　　B. 次数　　　C. 现象所属的时间
   D. 现象所属的地点　　　　　E. 反映现象的统计数值

2. 时期数列中的指标（　　）。
   A. 是反映现象在某一时点状态上的状态及达到的水平
   B. 是反映现象在某一段时间内发展过程的总量
   C. 其数值是可以累计相加的
   D. 其数值大小与它所属的时期长短直接相关
   E. 其数值是通过连续不断的登记取得的

3. 序时平均数是（　　）。
   A. 反映现象在一段时间内的一般水平
   B. 把总体各单位的某一标志在时间上的差异抽象化
   C. 根据时间数列计算的
   D. 根据变量数列计算的
   E. 把总体在各个时期或不同时点上的指标值加以平均
   F. 从静态上说明总体各单位某一数量标志的一般水平

4. 设 $c\left(\dfrac{a}{b}\right)$ 为相对数，相对数动态数序时平均数的计算式为（　　）。

   A. $\bar{c} = \dfrac{\sum c}{n}$　　　B. $\bar{c} = \dfrac{\sum cb}{\sum b}$　　　C. $\bar{c} = \dfrac{\sum a}{\sum \dfrac{a}{c}}$

   D. $\bar{c} = \dfrac{\sum a}{\sum b}$　　　E. $\bar{c} = \dfrac{\bar{a}}{\bar{b}}$

5. 设 a_0 和 a_n 分别为现象的期初水平和期末水平，R 为末期定基发展速度，$X_1, X_2, X_3,\cdots, X_n$ 为各期环比发展速度，则水平法平均发展速度的计算式为（　　）。

   A. $\bar{X} = \dfrac{X_1 + X_2 + X_3 + \cdots + X_n}{n}$　　　B. $\bar{X} = \sqrt[n]{X_1 X_2 X_3 \cdots X_n}$

   C. $\bar{X} = \sqrt[n]{\dfrac{a_n}{a_0}}$　　　D. $\bar{X} = \sqrt[n]{R}$

6. 用几何平均法计算平均发展速度是因为（　　）。
   A. 现象发展的总速度等于各年环比发展速度的连乘积
   B. 现象发展的总速度等于各年环比发展速度之和
   C. 现象发展的总速度等于各年定基发展速度的连乘积
   D. 现象发展的总速度等于最末一年的定基发展速度
   E. 现象发展的总速度等于各年定基发展速度之和
   F. 现象发展的总速度等于期末水平与期初水平之比

7. 对同一数列来说，定基增长速度与环比增长速度之间有以下关系（　　）。
   A. 各环比增长速度的连乘积等于相应时期的定基增长速度
   B. 两个相邻时期的定基增长速度之商等于相应时期的环比增长速度
   C. 两者无直接换算关系
   D. 定基增长速度 = 定基发展速度 − 1
   E. 环比增长速度 = 环比发展速度 − 1

8. 在直线趋势方程 $\hat{y} = a + bt$ 中，$\hat{y}$ 代表直线趋势值，其余各符号的意义是（　　）。
   A. a 代表趋势直线的起点值
   B. a 值等于原动态数列的期末水平
   C. b 为趋势直线的斜率
   D. b 是每增加一个单位时间，现象平均增加的值
   E. t 代表时间变量

三、计算题

1. 某企业在2013年各月职工人数资料如下：

时间	1月	2月	3月	4月	5月	6月	7月	9月	10月	12月
月初人数/人	312	320	320	326	330	334	328	340	348	356

已知：2013年该企业全年工资总额257.4万元；2014年1月初人数为350人。
要求：
(1) 计算上半年、下半年和全年月平均职工人数。
(2) 计算全年每人平均月工资。

2. 某企业某年月总产值和职工人数资料如下：

时间	3月	4月	5月	6月
总产值/万元	1 150	1 170	1 300	1 370
月末职工人数/人	6 500	6 800	7 000	7 200

要求：
(1) 计算该企业第二季度平均每月全员劳动生产率。
(2) 计算该企业第二季度全员劳动生产率。

3. 某工厂2015年下半年各月末工人数及其比例资料如下：

时间	6月	7月	8月	9月	10月	11月	12月
月末工人数/人	550	580	560	565	600	590	590
工人占全部职工人数的比例/%	80	86	81	80	90	87	85

计算该工厂2015年下半年工人占全部工人数的平均比例。

4. 某商店第一季度计划完成情况资料如下：

时间	1月	2月	3月
计划销售额/万元	580	600	450
计划完成程度/%	106	118	110

要求计算第一季度平均每月计划完成程度。

5. 某国有商店有下表资料：

时间	3月	4月	5月	6月
商品销售额/万元	165	198	177	216.9
月末销售员人数/人	210	240	232	250

根据上表资料计算：
(1) 第二季度该店平均每月商品销售额。
(2) 第二季度平均销售员人数。
(3) 4、5、6各月份（分别）的平均每个销售员的销售额。

（4）第二季度平均每月每个销售员的销售额。
（5）第二季度平均每个销售员的销售额。

6. 某水泥厂 2010—2016 年水泥产量如下：

年份		2010	2011	2012	2013	2014	2015	2016
水泥产量/万吨		120	130	145	150	156	182	200
增长量/万元	逐期							
	累计							
发展速度/%	环比							
	定基							
增长速度/%	环比							
	定基							
增长1%的绝对值/万吨								

要求：
（1）计算表中各动态分析指标各年的数值，并填入表内的相应格中。
（2）计算 2010—2016 年水泥产量的平均发展水平。
（3）计算 2010—2016 年水泥产量的平均增长量。
（4）计算 2010—2016 年水泥产量的平均发展速度（要求用三种不同的公式进行计算）。
（5）计算 2010—2016 年水泥产量的平均增长速度。

7. 根据动态分析指标之间的关系，推算出下表中空格的数值，并填入表中。

年份	产值/万元	与上半年比较			
		增长量/万元	发展速度/%	增长速度/%	增长1%的绝对值/万元
2011		—	—	—	—
2012			105.0		1.2
2013		14.0			
2014				15.0	
2015	170.0				

8. 某工厂 2013 年的总产量为 3 000 万吨，预计到 2018 年要达到 5 200 万吨。
要求：
（1）每年应以怎样的增长速度生产才能达到目标？
（2）如果希望提前两年完成计划，则每年的增长速度为多少？
（3）如果按新的增长速度继续生产，到 2018 年该厂的总产量是多少？

实训项目

根据计算题第 6 题的动态数列资料，用最小平方法配合趋势直线方程，预测 2018 年该厂水泥的产值。

第六章

统计指数分析

任务引入

什么是统计指数？它与统计相对数有何区别与联系？

生活中我们经常会看到一些关于统计指数的报道。例如，国家统计局网站发布的统计数据显示：2014年居民消费价格比上年上涨2.0%。其中，城市上涨2.1%，农村上涨1.8%。12月，居民消费价格同比上涨1.5%，环比上涨0.3%。

2014年工业生产者出厂价格比上年下降1.9%，12月同比下降3.3%，环比下降0.6%。全年工业生产者购进价格比上年下降2.2%，12月同比下降4.0%，环比下降0.8%。

分析：以上数据都是统计指数吗？它们反映了哪些商品和服务价格的变动？

学习目标

(1) 了解统计指数的概念和分类。
(2) 了解总指数的综合形式、平均形式，指数体系与因素分析等。
(3) 掌握各种统计指数（指数体系）编制的基础、编制的原则、编制的方法和应用的条件。

6.1 统计指数的含义和分类

6.1.1 统计指数的概念

1. 广义的统计指数概念

广义的统计指数是指用来测定社会经济领域内一个变量相对于指定的另一个变量数值大小的相对数。或者说，是反映社会经济现象变动与差异程度的相对数，广义的指数包括一切静态和动态各种相对数。

2. 狭义的统计指数概念

狭义的统计指数是一种特殊的相对数，它是指用来反映不能直接加总的复杂现象总体数量综合变动程度和方向的特殊相对数，如产量总指数、物价总指数、成本总指数、生活费用指数等。

本章所指的是狭义的统计指数，它虽然也反映事物变动或差异的程度，但它所反映的对象是一种特殊的总体，如产品的总产量、市场上所流通的商品的价格总水平等。不同的产品和商品有不同的使用价值和计量单位，不同商品的价格也以不同的使用价值和计量单位为基础，都是不同度量的事物，是不能直接相加的，我们把这类现象称为复杂现象总体，而把与之对应的、可以直接加总的现象称为简单现象总体。所以本章所研究的就是复杂现象总体的数量变动状况。

注：经济上的"统计指数"概念完全不同于数学上的"指数函数"概念。

6.1.2 统计指数的作用

统计指数在统计工作和社会经济活动分析中运用广泛。其主要有以下几个方面的作用：

1）综合反映复杂现象总体数量变动的方向和程度

社会经济现象错综复杂，一个总体中各单位变动方向并不一致，变动程度也不相同，这就需要一个指标能够综合地描述复杂现象变动的一般情况。

例如，在工业企业中，某些产品产量报告期增加了，某些产量减少了；有的产量增加得快，有的产量增加得慢，而这些产品的使用价值不同，不能直接相加，但是我们必须了解多种工业品种的发展变化情况，以认识工业生产的进展状态，这就需要编制工业产品产量指数。又如，在市场消费中，消费品的价格表现为有的上涨，有的下跌，且消费品价格上涨和下跌的幅度各不相同，而我们又必须了解整个消费品市场上价格变化的一般水平，这就是价格指数所需要解决的问题。

2）分析各因素变动对现象总体变动产生影响的方向和程度

这种分析又称为因素分析法，主要用于对复杂现象的分析，复杂现象是受多种因素影响的。它有两种情况：一种是现象的总量由各因素之和构成；另一种是现象的总量由各因素之积构成。利用指数进行因素分析，就是分析现象的总变动中各个因素的影响方向和影响程度，这种影响可以从相对数与绝对数两个方面进行分析。例如，商品销售额的变动，受商品销售量和销售价格变动的影响各是多少；在工资额的变动中，受职工人数和工资水平变动的影响各是多少。

3）研究现象在较长时期内的变动趋势

连续编制指数数列，可以研究现象在长时期内的发展变化趋势。这种方法特别适用于对比分析有联系而性质又不同的动态数列之间的变动关系，因为用指数的变动进行比较，可解决不同性质数列之间不可比的问题，如物价指数数列等。

6.1.3 统计指数的分类

1. 按指数反映的现象范围不同，分为个体指数与总指数

个体指数是指反映个体现象或个别事物的变动或差异程度的相对数，如个别产品的产量指数、某种商品的价格指数等，这属于一般的动态相对数和广义指数的范围。

总指数是指反映特殊总体（多种现象或多个事物）综合变动或差异程度的相对数，是严格意义上的指数，是我们需要特别研究的指数。

编制总指数往往要和分组法相结合，因为某种社会经济现象的总变动是由它的各个组成部分的变动所形成的，所以用分组法对包含的多种现象和多种事物进行分类分组，按每个类或组计算的统计指数称为类指数。类指数是总指数的一种，但在计算过程中，有时它起个体指数的作用。

2. 按指数化指标的性质不同，分为质量指标指数与数量指标指数

质量指标是指反映事物的性质、质量和管理水平的指标，如产品的成本、价格、商品流通费、劳动生产率等；数量指标是指反映事物的规模或总量的指标，如产品产量、进出口商品数量、职工总数等。

质量指标指数是反映现象总体内涵数量变动程度的指数，如反映商品质量优劣度的单位商品价格指数、反映劳动者技术水平的劳动生产率指数。数量指标指数就是反映现象总体规模变动程度的指数，如反映商品销售量变动的指数、反映工业产品产量规模变动程度的产品产量指数。

3. 根据总指数编制方法的不同，存在"综合指数与平均指数"以及"简单指数与加权指数"的区分

综合指数是通过同度量因素的媒介作用将不同度量的事物综合计算的指数；平均指数则是个体指数的平均数。

一般地，无论是综合指数还是平均指数都有简单指数和加权指数两种形式。由个体指数计算总指数时，若是采用简单平均的方法求得的总指数，则称为简单指数；若是采用加权平均的方法求得的总指数，则称为加权指数。综合指数是一种加权指数。

4. 按照指数反映现象时期的不同，分为静态指数和动态指数

静态指数是指由同一时期不同地区间同一性质指标对比所形成的指数，或同一地区同一单位计划与实际指标的对比所形成的指数。

动态指数又称时间指数，它是将不同时间（时期或时点）的同类现象水平进行比较的结果，反映现象在时间上的变化过程和程度。它是出现最早、适用最多的指数，也是理论上最为重要的统计指数。其他指数则是动态指数方法原理的拓展与推广。

6.2 综合指数

6.2.1 综合指数的概念及计算的一般原理

指数方法论主要研究的是总指数的计算问题和总指数的编制方法。其基本形式有两种：一种是综合指数；另一种是平均指数。两种方法有一定的联系，但各有其特点。

综合指数是对两个时期范围相同的复杂现象总体的总量指标对比形成的指数，在总量指标中包含两个或两个以上的因素，将其中被研究因素以外的一个或一个以上的因素固定下来，仅观察被研究因素的变动，这样编制的指数，称为综合指数。

综合指数的重要意义，是它能够比较全面、准确地反映所研究的现象总体总的变动程度和随之产生的绝对数效果。

它的特点是"先综合后对比"。其编制方法是：首先引入同度量因素，解决复杂总体在研究指标上不能直接综合的困难，使其可以计算出总体的综合总量；其次，将同度量因素固定，以消除同度量因素变动的影响；最后将两个时期的总量对比，其结果即综合指数，也就综合地反映了复杂总体研究指标的变动。

例如，甲、乙两种产品，由于使用价值不同，计量单位不同，其产量是不能直接相加的，但不同产品的价值量可以相加。因此，我们可以利用产值与产量和价格之间的联系，将产量乘以各自的价格，得到产值，则两种产品便可以加总了。这里，价格起到将不同产品同度量的作用，被称为同度量因素。我们所要研究的指标——产量，被称为指数化指标。如果我们的任务是研究甲、乙两种产品的价格变动情况，同样的道理，则可把价格作为指数化指标，仍然依据产值、价格与产量间的经济联系，把产量作为同度量因素，从而将两种产品综合起来。同时还要将同度量因素固定，消除同度量因素变动的影响。在本例中，作为同度量因素的价格，报告期对基期也可能发生变动，这样，将两个时期的产值对比，就不仅受到产品产量变动的影响，同时也受到两个时期价格变动的影响。因此，需要将价格固定，即两个时期的产值均采用同一时期的价格计算，借以消除价格变动的影响。将采用同一时期价格计算的两个产值对比，其结果仅受到两种产品不同时期产量变动的影响，从而达到综合反映两种产品产量变动的目的。

在实际应用中，还有一个重要的问题需要解决，即固定的同度量因素所属时期的选择问题。究竟固定在报告期还是固定在基期，十分重要，因为同度量因素不仅起同度量的作用，而且具有加权的作用，用不同时期的同度量因素计算，会得到不同的综合指数结果。

6.2.2 数量指标综合指数的编制

现以商品销售量综合指数的编制为例来说明数量指标综合指数编制的一般原则和方法。

（1）用基期价格为同度量因素（加权），公式为

$$L_q = \frac{\sum q_1 p_0}{\sum q_0 p_0} \tag{6-1}$$

上述公式又称为拉氏数量指数公式，它是1864年由德国学者拉斯贝尔提出的。

（2）用报告期价格为同度量因素（加权），公式为

$$p_q = \frac{\sum q_1 p_1}{\sum q_0 p_1} \tag{6-2}$$

这个公式又称为派氏数量指数公式，它是1874年德国学者派许提出的。

从理论上讲，上述两个公式均可成立，但在实际工作中，编制销售量综合指数时，一般采用基期价格作为同度量因素。这是因为编制销售量综合指数的目的是排除价格因素的影响，单纯反映销售量的总变动。为此，必须将价格固定在基期上，这才符合经济现象的客观实际。

编制数量指标综合指数的一般原则是采用基期的质量指标作同度量因素。这一原则有两层含义：一是编制数量指标指数应以质量指标作同度量因素；二是将同度量因素固定在基期。

【例6-1】某副食品商店三种商品销售资料如表6-1所示，编制其销售量指数。

表 6-1 某副食品商店三种主要商品销售资料

商品	计量单位	销售量		销售价格/元	
		基期	报告期	基期	报告期
甲	千克	2 500	3 000	16	24
乙	千克	17 400	18 600	1.8	2.4
丙	袋	1 200	1 100	4.5	4

解：其销售量指数用拉氏公式求解，有

$$L_q = \frac{\sum q_1 p_0}{\sum q_0 p_0} = \frac{3\,000 \times 16 + 18\,600 \times 1.8 + 1\,100 \times 4.5}{2\,500 \times 16 + 17\,400 \times 1.8 + 1\,200 \times 4.5}$$

$$= \frac{86\,430}{76\,720} = 112.66\%$$

分子、分母的绝对差额为

$$\sum p_0 q_1 - \sum p_0 q_0 = 86\,430 - 76\,720 = 9\,710 (元)$$

6.2.3 质量指标综合指数的编制

与计算商品销售量综合指数相似，计算价格综合指数时，也需要把作为同度量因素的商品销售量所属的时期固定。同样有拉氏价格指数公式与派氏价格指数公式两种可供使用。

（1）用基期销售量为同度量因素（加权），得出拉氏价格指数公式为

$$L_p = \frac{\sum p_1 q_0}{\sum p_0 q_0} \tag{6-3}$$

（2）用报告期价格为同度量因素（加权），得出派氏价格指数公式为

$$P_p = \frac{\sum p_1 q_1}{\sum p_0 q_1} \tag{6-4}$$

从实际效果来看，人们更关心的是在报告期现实销售量的条件下，价格变动的幅度和产生的经济效果，因此，把销售量固定在报告期用派氏价格指数计算更有实际意义。据此，可以得出：编制质量指标综合指数的一般原则是采用报告期的数量指标作同度量因素。这一原则有两层含义：一是编制质量指标指数应以数量指标作同度量因素；二是将同度量因素固定在报告期。

以表 6-1 资料为例，其价格指数用派氏价格指数公式表示为

$$P_p = \frac{\sum p_1 q_1}{\sum p_0 q_1} = \frac{24 \times 3\,000 + 2.4 \times 18\,600 + 4 \times 1\,100}{16 \times 3\,000 + 1.8 \times 18\,600 + 4.5 \times 1\,100}$$

$$= \frac{121\,040}{86\,430} = 140.04\%$$

分子、分母的绝对差额为

$$\sum p_1 q_1 - \sum p_0 q_1 = 121\,040 - 86\,430 = 34\,610 (元)$$

6.3 平均指数

6.3.1 平均指数的概念

平均指数是计算总指数的另一种形式,它是在个体指数的基础上计算总指数。在解决复杂总体各组成要素不能直接相加与综合的问题上,平均指数与综合指数是不同的。平均指数是个体指数的加权平均数,它是先计算个体指数,然后将个体指数加权平均而计算的总指数。

平均指数和综合指数是计算总指数的两种形式,它们之间既有区别,又有联系。

二者的区别主要表现为:一是解决复杂总体不能直接同度量这个问题的思路不同。综合指数是通过引进同度量因素,先计算出总体的总量,然后进行对比,即先综合,后对比。而平均指数是在个体指数的基础上计算总指数,即先对比,后综合。二是在运用资料的条件上不同。综合指数需要研究总体的全面资料,起综合作用的同度量因素的资料要求比较严格,一般应采用与指数化指标有明确经济联系的指标,且应有一一对应、全面的实际资料,如计算产品实物量综合指数,必须一一掌握各产品的实际价格资料。平均指数则既适用于全面的资料,也适用于非全面的资料。三是在经济分析中的具体作用亦有区别。综合指数的资料是总体的有明确经济内容的总量指标。因此,总指数除可表明复杂总体的变动方向和程度外,还可从指数化指标变动的绝对效果上进行因素分析。平均指数除作为综合指数变形加以应用的情况外,一般只能通过总指数表明复杂总体的变动方向和程度,而不能用于对现象进行因素分析。

平均指数和综合指数的联系主要表现为:在一定的权数条件下,两类指数间有变形关系。由于这种变形关系的存在,当掌握的资料不能直接用综合指数形式计算时,可以用平均指数形式计算,这种条件下的平均指数与其相应的综合指数具有完全相同的经济意义和计算结果。

6.3.2 平均指数的种类

1. 加权算术平均指数

1) 用综合指数变形权数计算加权算术平均指数

在一定条件下,加权算术平均指数可以是拉氏综合指数的变形,即

$$L_q = \frac{\sum K q_0 p_0}{\sum q_0 p_0} = \frac{\sum \frac{q_1}{q_0} q_0 p_0}{\sum q_0 p_0} \tag{6-5}$$

式中,K 表示个体物量指数。

以 $p_0 q_0$ 为权数,加权算术平均指数可以成为综合指数的变形。

2) 用固定权数计算加权算术平均指数

当权数不是综合指数中的 $p_0 q_0$,而是某种固定权数 W 时,称为固定权数加权算术平均指数。W 是经过调整计算的一种不变权数,通常用所占比例表示。这时加权算术平均指数与综合指数不存在变形关系,两者计算结果不会一致。

设个体指数为 K，固定权数加权算术平均指数的一般表达式为

$$L_q = \frac{\sum KW}{\sum W} \qquad (6-6)$$

以固定权数计算的加权算术平均指数在国内外统计工作中得到了广泛的应用。

2. 加权调和平均指数

1）用综合指数变形权数计算的加权调和平均指数

在一定条件下，加权调和平均指数可以是派氏综合指数的变形，即

$$P_P = \frac{\sum p_1 q_1}{\sum \frac{1}{K} p_1 q_1} \qquad (6-7)$$

式中，K 表示个体物量指数。

以 $p_1 q_1$ 为权数，加权调和平均指数就是综合指数的变形。

2）用固定权数计算的加权调和平均指数

当把权数定为某种固定权数 W 时，加权调和平均指数公式为

$$p_p = \frac{\sum W}{\sum \frac{1}{K} W} \qquad (6-8)$$

6.4 指数体系与因素分析

6.4.1 指数体系的概念与作用

1. 指数体系的概念

由三个或三个以上具有内在联系的指数构成的有一定数量对等关系的整体，叫作指数体系。指数体系的形式不是随意的，它是由现象间客观存在的必然联系决定的。

例如，

商品销售额 = 商品销售量 × 商品价格

产品产值 = 产品产量 × 产品价格

若将上述这些现象在数量上存在的联系表现在动态变化上，就可以形成如下指数体系：

商品销售额指数 = 商品销售量指数 × 商品价格指数

产品产值指数 = 产品产量指数 × 产品价格指数

在指数体系中，包括的指数分为两大类：一类是反映现象总变动的指数，通常表现为广义的总指数，这类指数在一个指数体系中只有一个，一般放在等式的左边；另一类是反映某一因素变动的指数，称为因素指数，这类指数在一个指数体系中可以是多个，一般放在等式的右边。

2. 指数体系的作用

（1）利用指数体系，可以分析各个因素对现象总体变动的影响方向和程度。例如，通过编制多种产品总成本指数、产量指数和单位成本指数，建立三者之间的指数体系，可分析产量和单位成本的变动对总成本变动的影响方向和程度。

(2) 利用指数体系可以进行指数间的互相推算,如根据已知的总产值指数和价格指数推算产量指数;根据销售量指数和价格指数推算销售额指数等。

【例 6-2】某商场 2016 年商品销售量综合增加了 20%,销售额增加了 50%,问销售价格如何变化?

因为,销售额指数 = 销售量指数 × 销售价格指数,即
$$150\% = 120\% \times 销售价格指数$$
因此,销售价格指数 = 125%,说明价格综合来讲上升了 25%。

6.4.2 指数体系的因素分析

指数体系的因素分析是利用指数体系,从绝对数和相对数两方面分析现象的综合变动受各影响因素变动的影响方向和程度的一种分析方法。在指数因素分析法中,按照分析时所包含的因素多少不同,分为两因素分析和多因素分析;按照分析现象的指数形式不同,分为总量指标变动的因素分析和平均指标变动的因素分析。

这里主要研究总量指标变动的两因素分析。它主要有两种:综合指数体系的两因素分析、综合指数变形的平均指数体系的两因素分析。

对复杂现象总体的总量指标进行因素分析,要在编制综合指数的基础上进行。例如,要分析多种商品销售额的变动,就要编制商品销售额指数以反映总的变动情况;以商品销售量综合指数和商品价格综合指数为因素指数,分别反映销售量和价格两个因素的变动对销售额变动的影响。

综合指数体系的因素分析,依据的原理是

$$\frac{\sum p_1 q_1}{\sum p_0 q_0} = \frac{\sum p_0 q_1}{\sum p_0 q_0} \times \frac{\sum p_1 q_1}{\sum p_0 q_1} \tag{6-9}$$

$$\sum p_1 q_1 - \sum p_0 q_0 = \left(\sum p_0 q_1 - \sum p_0 q_0\right) + \left(\sum p_1 q_1 - \sum p_0 q_1\right) \tag{6-10}$$

【例 6-3】某外贸公司三种商品的出口情况如表 6-2 所示,试通过建立指数体系,从相对数和绝对数两方面分析出口额的变动情况。

表 6-2 某外贸公司出口商品数量和价格

商品名称	单位	出口数量		出口价格/美元		出口额		
		基期 q_0	报告期 q_1	基期 p_0	报告期 p_1	$p_0 q_0$	$p_0 q_1$	$p_1 q_1$
甲	吨	1 000	2 000	8	7	8 000	16 000	14 000
乙	箱	3 000	4 000	6	5	18 000	24 000	20 000
丙	个	5 000	6 000	10	9	50 000	60 000	54 000
合计	—	—	—	—	—	76 000	100 000	88 000

解:(1)建立指数体系。

相对数关系:出口额总指数 = 出口量综合指数 × 出口价格综合指数,即

$$\frac{\sum p_1 q_1}{\sum p_0 q_0} = \frac{\sum p_0 q_1}{\sum p_0 q_0} \times \frac{\sum p_1 q_1}{\sum p_0 q_1}$$

绝对数关系：出口额变动 = 由于出口量变动的影响额 + 由于出口价格变动的影响额，即

$$\sum p_1q_1 - \sum p_0q_0 = \left(\sum p_0q_1 - \sum p_0q_0\right) + \left(\sum p_1q_1 - \sum p_0q_1\right)$$

（2）计算三种商品的出口额变动的相对数及绝对额。

$$出口总额指数\overline{K}_{pq} = \frac{\sum p_1q_1}{\sum p_0q_0} = \frac{88\,000}{76\,000} = 115.79\%$$

$$\sum p_1q_1 - \sum p_0q_0 = 88\,000 - 76\,000 = 12\,000(美元)$$

（3）计算三种商品的出口价格综合变动的相对数及绝对额。

$$出口价格指数\overline{K}_p = \frac{\sum p_1q_1}{\sum p_0q_1} = \frac{88\,000}{100\,000} = 88\%$$

$$\sum p_1q_1 - \sum p_0q_1 = 88\,000 - 100\,000 = -12\,000(美元)$$

（4）计算三种商品的出口数量综合变动的相对数及绝对额。

$$出口数量指数\overline{K}_q = \frac{\sum p_0q_1}{\sum p_0q_0} = \frac{100\,000}{76\,000} = 131.58\%$$

$$\sum p_0q_1 - \sum p_0q_0 = 100\,000 - 76\,000 = 24\,000(美元)$$

（5）利用指数体系进行验证。

相对数：$115.79\% = 131.58\% \times 88\%$。

绝对数：$12\,000 = 24\,000 - 12\,000$。

据此综合分析说明：与基期相比较，该公司三种商品的报告期出口额综合增长了 15.79%，即增加了 12 000 美元。其中，出口价格下降了 12%，使得出口额减少了 12 000 美元；出口量增加了 31.58%，使得出口额增加了 24 000 美元。

6.4.3 平均指标变动因素分析

1. 平均指标变动因素分析的意义

平均指标是表明社会经济总体（以下简称"总体"）一般水平的指标。总体一般水平取决于两个因素：一个是总体内部各部分（组）的水平；另一个是总体的结构，即各部分（组）在总体中所占的比例。总体平均指标的变动是这两个因素变动的综合结果。平均指标变动的因素分析，就是利用指数因素分析方法，从数量上分析总体各部分水平与总体结构这两个因素变动对总体平均指标变动的影响。例如，一个部门的劳动生产率水平取决于部门内各单位（组）的劳动生产率水平和不同劳动生产率水平的单位（组）在部门内的比例两个因素。通过因素分析，可以弄清这两个因素各自影响的方向、程度和数量，从而对部门劳动生产率的变动有更深入的认识。

平均指标变动的因素分析是一种重要的统计分析方法，对经济管理与研究有重要的意义。影响总体平均指标变动的上述两类因素具有不同的性质。总体各部分的水平，主要取决于各部分内部的状况，反映了各部分内部各种因素的作用；总体结构则是一种与总体全局完全有关的因素，总体结构状况决定着总体的一些基本特征。经济管理与研究的一项重要任务就是优化结构，使结构合理化。平均指标的因素分析，为这方面的深入研究提供了重要依据。

2. 平均指标变动因素分析的方法

依据指数因素分析法的一般原理，可列出平均指标变动因素分析的指数体系。其指数体系为

相对数：

$$\frac{\bar{x}_1}{\bar{x}_0} = \frac{\frac{\sum x_1 f_1}{\sum f_1}}{\frac{\sum x_0 f_0}{\sum f_0}} = \frac{\frac{\sum x_1 f_1}{\sum f_1}}{\frac{\sum x_0 f_1}{\sum f_1}} \times \frac{\frac{\sum x_0 f_1}{\sum f_1}}{\frac{\sum x_0 f_0}{\sum f_0}} \tag{6-11}$$

绝对数：

$$\frac{\sum x_1 f_1}{\sum f_1} - \frac{\sum x_0 f_1}{\sum f_1} = \left(\frac{\sum x_1 f_1}{\sum f_1} - \frac{\sum x_0 f_1}{\sum f_1}\right) + \left(\frac{\sum x_0 f_1}{\sum f_1} - \frac{\sum x_0 f_0}{\sum f_0}\right) \tag{6-12}$$

令 $\bar{x}_n = \frac{\sum x_0 f_1}{\sum f_1}$，则平均指标变动因素分析的指数体系可用如下简明形式表明，即

$$\frac{\bar{x}_1}{\bar{x}_0} = \frac{\bar{x}_1}{\bar{x}_n} \times \frac{\bar{x}_n}{\bar{x}_0}$$

$$\bar{x}_1 - \bar{x}_0 = (\bar{x}_1 - \bar{x}_n) + (\bar{x}_n - \bar{x}_0)$$

上述列出的指数体系包括三个指数，依次被称为可变组成指数、固定构成指数、结构影响指数。

(1) 可变组成指数简称可变指数，是根据报告期和基期总体平均指标的实际水平对比计算的，包括总体各部分（组）水平和总体结构两个因素变动的综合影响。它全面地反映了总体平均水平的实际变动状况。在结构影响较大的情况下，可变构成指数的数值有可能超出各个部分的变动程度范围。也就是说，与各个部分（组）的指数相比较，既有可能比最大的部分指数大，也有可能比最小的部分指数小。

(2) 固定构成指数是将总体构成（即各部分比例）固定在报告期计算的总平均指标指数。该指数消除了总体结构变动的影响，专门用以综合反映各部分（组）水平变动对总体平均指标变动的影响。因而，在其数值表现上，它总是介于各部分（组）指数的范围内。事实上，固定构成指数是各个部分（组）指数的加权算术平均数。

(3) 结构影响指数，它是将各部分（组）水平固定在基期条件下计算的总平均指标指数，用以反映总体结构变动对总体平均指标变动的影响。

6.5 几种常用的价格指数

6.5.1 商品零售价格指数

商品零售价格指数是指反映一定时期内商品零售价格变动趋势和变动程度的相对数。零售商品分为食品、饮料烟酒、服装鞋帽、纺织品、中西药品、化妆品、书报杂志、文化体育用品、日用品、家用电器、首饰、燃料、建筑装潢材料、机电产品十四个大类，国家规定的304种必报商品。需要予以特别说明的是，从1994年起，国家、各省（区、市）和县编制

的商品零售价格指数不再包括农业生产资料。商品零售价格指数采用加权算数平均法计算。零售价格的调整变动会直接影响城乡居民的生活支出和国家的财政收入，影响居民购买力和市场供需平衡，影响消费与积累的比例。因此，计算零售价格指数，可以从侧面对上述经济活动进行观察和分析。

6.5.2 居民消费价格指数

居民消费价格指数（Consumer Price Index，CPI），是一个反映居民家庭一般所购买的消费商品和服务价格水平变动情况的宏观经济指标。它是度量一组具有代表性的消费商品及服务项目的价格水平随时间而变动的相对数。

居民消费价格统计调查的是社会产品和服务项目的最终价格，一方面同人民群众的生活密切相关，另一方面在整个国民经济价格体系中也具有重要地位。它是进行经济分析和决策、价格总水平监测和调控及国民经济核算的重要指标。其变动率在一定程度上反映了通货膨胀或紧缩的程度。一般来讲，物价全面地、持续地上涨就被认为发生了通货膨胀。

居民消费价格指数所选的商品和服务项目主要包括食品、衣着、家庭设备及用品、医疗保健、交通和通信、娱乐教育和文化用品、居住、服务项目八个大类，大约300种。

居民消费价格指数的编制与零售价格指数的计算方法相同。但两者也有区别，主要表现在：

（1）编制的目的不同。商品零售价格指数属于流通领域的价格指数，主要观察零售商品的平均价格水平及其对社会经济的影响；居民消费价格指数属于消费领域的价格指数，通过它可以观察生活消费品及服务项目价格的变动对城乡居民生活的影响。

（2）包括的商品范围不同。商品零售价格指数只反映商品（包括居民消费和集团消费），而不反映非商品与服务，商品按用途分为十四个大类。居民消费价格指数分为八个大类，既包括商品也包括非商品与服务，但不包括居民一般不消费而主要供集团消费的商品。

居民消费价格指数除了反映消费价格变动之外，还可在此基础上编制其他各种派生的指数。

1) 货币购买力指数

货币购买力是指单位货币能够购买到的商品或服务的数量。在支出额一定的情况下，商品的价格越高，货币购买力越低；反之，商品的价格越低，货币的购买力越高。

$$货币购买力指数 = \frac{1}{居民消费价格指数} \times 100\% \qquad (6-13)$$

因为货币购买力的变动与消费品和劳务价格的变动成反比关系，所以，居民消费价格指数的倒数就是货币购买力指数。

2) 职工实际工资指数

商品或服务的价格变动对职工的实际工资有直接影响。在一定的货币工资条件下，价格越低，所能购买的商品和服务的数量越多；反之，则越少。因此，实际工资的多少与居民消费价格指数是反比关系，即

$$职工实际工资指数 = \frac{职工名义工资指数}{居民消费价格指数} \times 100\% \qquad (6-14)$$

3）通货膨胀（或通货紧缩）指数

通货膨胀指在纸币流通条件下，因货币供给大于实际需求（即现实购买力大于产出供给，导致货币贬值，而引起的一段时间内物价持续、普遍地上涨现象）。

$$通货膨胀指数 = \frac{报告期居民消费价格指数}{基期居民消费价格指数} \times 100\% \qquad (6-15)$$

如果通货膨胀指数大于 100%，则说明存在通货膨胀现象；如果通货膨胀指数小于 100%，则说明存在通货紧缩现象。

6.5.3　股票价格指数

股票价格指数就是用以反映整个股票市场上各种股票市场价格的总体水平及其变动情况的指标，简称股票指数。它是由证券交易所或金融服务机构编制的，表明股票行市变动的一种供参考的指示数字。由于股票价格起伏无常，投资者必然面临市场价格风险。

股票价格指数的计算方法很多，但一般以发行量为权数进行加权综合。其计算公式为

$$加权股价指数 = \frac{\sum p_{1i} q_i}{\sum p_{0i} q_i} \qquad (6-16)$$

式中，p_{1i} 表示第 i 种样本股票报告期价格；p_{0i} 表示第 i 种样本股票基期价格；q_i 表示第 i 种股票的发行量，可以确定为基期，也可以确定为报告期，但大多数股价指数是以报告期发行量（成交量）为权数计算的。

目前，世界各国的主要证券交易所都有自己的股票价格指数。例如，美国的道琼斯股票价格指数和标准普尔股票价格指数、日本的日京指数、中国香港的恒生指数等。我国的上海和深圳两个证券交易所也编制和公布了自己的股票价格指数。

思考练习题

一、单项选择题

1. 统计指数按所反映的对象范围不同，可分为个体指数和（　　）。
   A. 质量指标指数　B. 数量指标指数　C. 综合指数　　　D. 总指数
2. 下列指数中，属于质量指标指数的是（　　）。
   A. 产量指数　　　　　　　　　B. 商品销售量指数
   C. 职工人数指数　　　　　　　D. 劳动生产率指数
3. 某种产品报告期与基期比较，产量增长 26%，单位成本下降 32%，则生产费用支出总额为基期的（　　）。
   A. 166.32%　　B. 85.68%　　C. 185%　　D. 54%
4. 销售价格综合指数 $\dfrac{\sum q_1 p_1}{\sum q_1 p_0}$（　　）。
   A. 综合反映多种商品销售量变动程度
   B. 综合反映多种商品销售额变动程度
   C. 表示报告期销售的商品其价格综合变动的程度
   D. 表示基期销售的商品其价格综合变动程度
5. 综合指数与加权平均指数的关系在于（　　）。

A. 在一定条件下，两类指数间有变形关系
B. 在权数固定的条件下，两类指数间有变形关系
C. 在一定的权数条件下，两类指标间有变形关系
D. 在一定同度量因素条件下，两类指数间有变形关系

6. 在维持基期生活水准的情况下，居民如果按报告期购买商品多支出20元，基期商品销售额为400元，则价格指数为（　　）。
A. 95%　　　　B. 110%　　　　C. 90%　　　　D. 105%

二、多项选择题

1. 下列属于数量指标指数的有（　　）。
A. 产量指数　　B. 播种面积指数　　C. 单位成本指数
D. 职工人数指数　　E. 物价指数

2. 在计算综合指数时，同度量因素起到（　　）。
A. 同度量作用　　B. 权数作用　　C. 平衡作用
D. 协调作用　　E. 替代作用

3. 某地区2016年（比2015年）社会商品零售价格总指数为103.2%，这一结果说明（　　）。
A. 商品零售价格平均上涨3.2%
B. 商品零售额上涨3.2%
C. 物价上涨使商品零售量下降3.2%
D. 每种商品零售价各上涨3.2%
E. 物价上涨使商品零售额提高3.2%

4. 平均指数（　　）。
A. 是个体指数的加权平均数
B. 是计算总指数的一种形式
C. 计算方法是先综合后对比
D. 资料选择时，既可用全面资料，也可用非全面资料
E. 可作为综合指数的变形形式来使用

5. 某地区工业企业的劳动生产率指数为132%，这是（　　）。
A. 个体指数　　B. 总指数　　C. 数量指标指数
D. 质量指标指数　　E. 综合指数

6. 居民消费价格指数与零售价格指数在编制上的区别有（　　）。
A. 基期不同　　B. 指数种类不同　　C. 编制的角度不同
D. 编制方法不同　　E. 包括范围不同

三、计算题

1. 某地区对某种商品的收购量和收购额资料如下：

商品	收购额/万元		收购量/千克	
	基期	报告期	基期	报告期
A	200	220	1 000	1 050
B	50	70	400	800

试求收购量总指数和收购价格总指数。

2. （1）已知同样多的人民币，报告期比基期少购买8%的商品，问物价指数是多少？

（2）若销售量增长50%，零售价增长20%，则商品销售额增长多少？

3. 某企业在2012年生产的三种产品的有关资料如下：

产品名称	计量单位	产品		价格/元	
		基期	报告期	基期	报告期
甲	双	5 000	4 800	15	18
乙	件	60	65	200	220
丙	箱	80	100	300	280

根据以上资料，从相对数和绝对数分析总产值的变动及其影响因素。

实训项目

某地区2017年的农副产品收购额为200亿元，已知农副产品价格2017年比上年提高了20%。试计算由于农副产品提价，农民增加多少收入？

第七章

抽样估计

任务引入

Metropolitan Research 是一家消费者研究组织，它设计调查，对消费者所使用的大量的产品和服务进行评估。在某项研究中，Metropolitan Research 调查消费者对底特律某个主要制造商所生产汽车性能的满意程度。分发给该制造商所生产的一种最大型号小汽车用户的调查表表明，许多人抱怨该车在刚开始使用时传动系统不佳。为了更好地了解传动系统的问题，Metropolitan Research 采用由底特律地区一个修理企业所提供的实际传动系统的维修记录为样本。下面是 50 辆汽车传动系统出现故障时所行驶的实际里程（单位：公里）的数据：

85 092	32 609	59 465	77 437	32 534	64 090	32 464	59 902	39 323	89 641
94 219	116 803	92 857	63 436	65 605	85 861	64 342	61 978	67 998	59 817
101 769	95 774	121 352	69 568	74 376	66 998	40 001	72 069	25 066	77 098
69 922	35 662	74 425	67 202	118 444	53 500	79 294	64 544	86 813	116 269
37 831	89 341	73 341	85 288	138 114	53 402	85 586	82 256	77 539	88 798

根据这些数据可以求：

（1）曾经出现过传动系统问题的汽车总体中在出现传动系统问题时所行驶里程均值的 95% 置信区间。

（2）如果该研究组织想在 5 000 公里的允许误差下估计出现传动系统问题时所行驶里程的均值，则置信度为 95% 时应选取多大的样本容量？

（3）为了更全面地对该传动系统问题做出评价，你还需要收集一些其他什么样的信息？

（资料来源：MBA 智库文档）

学习目标

（1）了解抽样和抽样分布的概念。

（2）掌握抽样调查的各种方法。

(3) 掌握参数估计的方法。
(4) 掌握抽样调查中样本容量的确定。

7.1 抽样与抽样分布

7.1.1 认识抽样调查

1. 抽样调查的概念

抽样调查是一种专门组织的非全面调查。它是按照一定方式，从调查总体中抽取部分样本进行调查，用所得的结果说明总体情况的调查方法，可分为随机抽样和非随机抽样两类。随机抽样是按照随机原则抽取样本；而非随机抽样不遵循随机原则，它是从方便出发或根据主观的选择来抽取样本。

2. 抽样调查的特点

1）抽样调查是一种非全面调查

抽样调查只抽取总体中一部分单位进行调查，是专门组织的非全面调查。其调查目的在于对总体数量特征的认识。抽样调查资料如果不进行抽样推断，那么就不会有什么价值。抽样调查虽然是非全面调查，但因它的目的是取得反映总体情况的信息资料，因而也可起到全面调查的作用。

2）主要按照随机原则抽取调查单位

抽取部分单位要遵循随机原则，使样本单位有均等被抽中的机会。这个特点是与其他非全面调查（如重点调查、典型调查）的主要区别之一。重点调查和典型调查的调查单位是由调查者有意识选取的；而抽样调查的调查单位选取不受调查者主观意志的影响。

知识链接 7-1

抽样调查为什么要遵守随机原则？一方面，遵守随机原则可使抽取出来的部分单位的分布情况（如不同年龄、文化程度人员的比例等）有较大的可能性接近总体的分布情况，从而使根据样本做出的结论对总体研究具有充分的代表性；另一方面，遵循随机原则有助于调查人员准确地计算抽样误差，并有效地加以控制，从而提高调查的精度。

3）以样本指标的数值去推断和估计总体指标的数值

这是抽样调查与其他非全面调查的又一区别。重点调查是通过对一部分重点单位进行调查，从而了解总体的基本情况；典型调查的主要任务是通过对典型单位的调查研究，达到对总体本质的认识。抽样调查和全面调查相比，虽然目的一致，都是为了达到对总体数量的认识，但是达到目的的手段和途径完全不同。抽样调查是通过科学的推断来达到目的，所以抽样调查又叫抽样推断；全面调查是通过综合汇总来达到目的。

4）抽样调查的误差可以事先控制和计算

抽样调查会产生误差，但产生的误差可以计算并可以采取措施控制在一定范围之内，从而使抽样调查具有一定的可靠性。典型调查也能用部分典型单位的指标数值去估计总体指标数值，但是这种估计不能计算误差，也不能说明估计的准确程度和可靠程度。

3. 抽样调查的方式

抽样调查分为随机抽样和非随机抽样。其中，随机抽样主要包括简单随机抽样、分层抽样、整群抽样、等距抽样和多阶段抽样等。

1）简单随机抽样

简单随机抽样也称为单纯随机抽样，是指从总体 N 个单位中任意抽取 n 个单位作为样本，使每个样本被抽中的概率相等的一种抽样方式。它是对总体单位不做任何分类排队，完全按照随机原则直接从总体中随机抽取一部分单位组成样本的抽样组织方式。

常用的简单随机抽样方法有：

（1）抽签法。首先，将调查总体的每个个体编上号码；然后，将号码写在卡片上搅拌均匀，任意从中选取，抽到一个号码，就对上一个个体，直到抽足预先规定的样本数目为止。此方法适用于调查总体中的个体数目较少的情况。

（2）随机数表法。随机数表法也称乱数表法，是指含有一系列级别的随机数字的表格，一般利用特制的摇码设备摇出随机数字，也可以用电子设备自动产生随机数字。

简单随机抽样方法是其他抽样方法的基础，因为它在理论上最容易处理，而且当总体单位数 N 不太大时，实施起来并不困难。但在实际中，当 N 相当大时，简单随机抽样方法就不是很容易办到。首先它要求有一个包含全部 N 个单位的抽样框；其次用这种抽样方法得到的样本单位较为分散，调查不容易实施。因此，在实际中直接采用简单随机抽样的并不多，其仅适用于规模不大、内部各单位标志值差异较小的总体。

2）分层抽样

分层抽样又称为分类抽样或类型抽样，它首先是将总体的 N 个单位分成互不交叉、互不重复的 k 个部分，我们称之为层，然后在每个层内分别抽选 n_1、n_2、$\cdots$、n_k 个样本，构成一个容量为 n 个样本的一种抽样方式。

知识链接 7-2

分层的作用主要有三个：一是为了工作的方便和研究目的的需要；二是为了提高抽样的精度；三是为了在一定精度的要求下，减少样本的单位数以节约调查费用。因此，分层抽样是应用上最为普遍的抽样技术之一。

按照各层之间的抽样比例是否相同，分层抽样可分为等比例分层抽样与非等比例分层抽样两种。

（1）等比例分层抽样。等比例分层抽样是按各层（或各类型）中的个体数量占总体数量的比例分配各层的样本数量。其表达式为

$$\frac{n_i}{n} = \frac{N_i}{N} \qquad (7-1)$$

式中，n_i 表示第 i 层抽出的样本数；N_i 表示第 i 层的总单位数；N 表示总体单位数；n 表示总体样本数。

【例 7-1】某市有各类型书店 500 家，其中大型 50 家，中型 250 家，小型 200 家。为了调查该市图书销售情况，先计划从中抽取 30 家书店进行调查。若采用分层等比例抽样法，那么应从各层中抽取多少家书店调查？

解：根据等比例分层抽样公式，有

大型书店应抽取的样本数为

$$n_{大} = 50\ 家/500\ 家 \times 30\ 家 = 3\ 家$$

中型书店应抽取的样本数为

$$n_{中} = 250\ 家/500\ 家 \times 30\ 家 = 15\ 家$$

小型书店应抽取的样本数为

$$n_{小} = 200\ 家/500\ 家 \times 30\ 家 = 12\ 家$$

（2）非等比例分层抽样。非等比例分层抽样是根据其他因素（如各层平均数或成数标准差的大小），抽取样本的工作量和费用大小。

$$n_i = \frac{N_i \sigma_i}{\sum N_i \sigma_i} \times n \tag{7-2}$$

式中，n_i 表示第 i 层抽出的样本数；N_i 表示第 i 层的总单位数；σ_i 表示第 i 层的标准差；n 表示总体样本数。

【例 7-2】仍用上例资料，假设各类型书店图书销售额的标准差估计值为：大型 10 000 元，中型 6 000 元，小型 5 000 元。按照最佳抽样法，应从各层中抽取多少家书店进行调查？

解：$n_{大} = \dfrac{50 \times 10\ 000}{50 \times 10\ 000 + 250 \times 6\ 000 + 200 \times 5\ 000} \times 30 = 5$（家）

$n_{中} = \dfrac{250 \times 6\ 000}{50 \times 10\ 000 + 250 \times 6\ 000 + 200 \times 5\ 000} \times 30 = 15$（家）

$n_{小} = \dfrac{200 \times 5\ 000}{50 \times 10\ 000 + 250 \times 6\ 000 + 200 \times 5\ 000} \times 30 = 10$（家）

实际上，分层抽样是科学分组与抽样原理的有机结合，前者是划分出性质比较接近的层，以减少标志值之间的变异程度；后者是按照抽样原理抽选样本。因此，分层抽样一般比简单随机抽样更为精确，能够通过对较少的样本进行调查得到比较准确的推断结果，特别是当总体数目较大、内部结构复杂时，分层抽样常能取得令人满意的效果。

3) 整群抽样

整群抽样是先将总体中各单位归并成若干个互不交叉、互不重复的集合（我们称之为群），然后以群为抽样单位抽取样本的一种抽样方式。

整群抽样特别适用于缺乏总体单位的抽样框。应用整群抽样时，要求各群有较好的代表性，即群内各单位的差异要大，群间差异要小。其优点是实施方便、节省经费；缺点是往往会因不同群之间的差异较大，而引起的抽样误差大于简单随机抽样。整群抽样主要有以下几个特点：

（1）总体和样本都是由"群"组成。

（2）引起的抽样误差的方差是群间方差，群内方差不影响抽样误差。

（3）整群抽样均为不重复抽样，可提高样本的代表性。

4) 等距抽样

等距抽样也称为系统抽样或机械抽样，它是先将总体中各单位按一定顺序排列，根据样本容量要求确定抽选间隔，然后随机确定起点，每隔一定的间隔抽取一个单位的一种抽样方式。例如，从 600 名大学生中抽选 50 名大学生进行调查，可以利用学校现有的名册顺序按编号排队，从第 1 号编至 600 号。

$$抽选距离 = N/n = 600/50 = 12\ 人$$

例如，从第一个12人中用简单随机抽样方式，抽取第一个样本单位，假设抽到的是8号，依次抽出的是20号、32号、44号……；又如对公路旁树木进行病虫害防治，确定每30棵树检查1棵，只要确定了起点的被检查树，每隔30棵检查1棵即可。

等距抽样的最主要优点是简便易行，容易确定样本单元，且当对总体结构有一定了解时，充分利用已有信息对总体单位进行排列后再抽样，可提高抽样效率。其缺点是若存在周期性变化，代表性差。

5）多阶段抽样

多阶段抽样是指将抽样过程分阶段进行，每个阶段使用的抽样方法往往不同，即将各种抽样方法结合使用。其实施过程为：先从总体中抽取范围较大的单元，称为一级抽样单元，再从每个抽得的一级单元中抽取范围更小的二级单元，依此类推，最后抽取其中范围更小的单元作为调查单位。

多阶段抽样区别于分层抽样，也区别于整群抽样，其优点在于适用于抽样调查的面特别广，主要适用于没有一个包括所有总体单位的抽样框，或总体范围太大，无法直接抽取样本等情况，可以相对节省调查费用。其主要缺点是抽样时较为麻烦，而且利用样本对总体进行估计比较复杂。

4. 抽样调查的应用范围

抽样调查适用的范围非常广泛，从原则上讲，对于大量社会经济现象数量方面的统计资料，在许多场合，都可以运用抽样调查方法取得；在某些特殊场合，不可能用全面调查时必须采用抽样调查的方法取得。其应用范围主要有以下几个方面：

1）单位数特别多或无限多的总体

对于单位数特别多或无限多的总体可以用抽样调查，如产品连续性生产过程中的废品率调查、江河中某些污染情况调查等。

2）以破坏或损伤使用价值为手段的检验调查方法

对于一些以破坏或损伤使用价值为手段的检验调查方法，如电灯泡、茶叶、烟草、火柴质量检验等，这些都是有破坏性的，不可能进行全面调查，只能使用抽样调查。

3）时间紧迫、经费有限时，可采用抽样调查

抽样调查的调查单位比全面调查要少得多，因而既能节约人力、费用和时间，又能比较快地得到调查结果，这对许多工作都是很有利的。例如，居民购买力调查、城乡个体和集体企业情况的调查、民意测验调查等，如果进行全面调查，则要消耗很大的人力、物力，结果得不偿失。又如，在农作物基本成熟尚未收割之际，为了编制计划、检查计划、组织生产，需要事先掌握农产品产量数字，如果进行全面调查，则耗时太长，不能满足急需，故只能采用抽样调查。

4）用于工业生产过程中的质量控制

抽样调查不仅广泛用于生产结果的核算和估计，而且也有效地应用于在生产过程中进行质量控制的成批或大量连续生产的工业品，检查生产过程是否正常等，及时提供有关信息，便于采取措施，预防废品的发生。

7.1.2 抽样调查中的基本概念

1. 全及总体和抽样总体

全及总体简称总体，是指所要调查对象的全体，用字母 N 表示。抽样总体简称样本，

是从全及总体中抽选出来的、要直接观察的全部单位,用字母 n 表示。通常样本单位数达到或超过 30 个称为大样本,在 30 个以下则称为小样本。例如,调查某学校学生的平均月生活费支出,可以按抽样调查理论从全校学生中抽取部分学生了解,那么全校学生就是全及总体,抽取的部分学生就是抽样总体。

2. 全及指标和抽样指标

1) 全及指标

全及指标是根据全及总体各个单位的标志值或标志特征计算的、反映总体某种属性的综合指标。由于全及总体是唯一确定的,所以全及指标也是唯一确定的,全及指标也称为母体参数。常用的全及指标有:全及总体平均数、全及总体成数、全及总体的方差和标准差。

(1) 全及总体平均数。它是全及总体所研究的平均值,用 $\bar{X}$ 表示,在参数估计中用 μ 表示。

(2) 全及总体成数。由于某些单位的标志不能用数量表示,只能用一定的术语加以描述,这时就应该计算比例结构指标,称为全及总体成数,用 P 表示,在参数估计中用 π 表示。

设总体 N 个单位中,N_1 是具有某种属性的单位数,N_0 是不具有某种属性的单位数,$N_1 + N_0 = N$,P 为总体中具有某种属性的单位数所占的比例,Q 为不具有某种属性的单位数所占的比例,则全及总体成数为

$$P = \frac{N_1}{N}, \quad Q = \frac{N_0}{N} = 1 - P \tag{7-3}$$

(3) 全及总体的方差和标准差。全及总体的方差和标准差是用来说明全及总体标志变异程度的指标,分别用字母 σ^2 和 σ 表示,是理解和应用抽样调查时重要的基础指标。

全及总体的方差和标准差分别为

$$\sigma^2 = \frac{\sum (X - \bar{X})^2}{N}$$

$$\sigma = \sqrt{\frac{\sum (X - \bar{X})^2}{N}} \tag{7-4}$$

$$\sigma = \sqrt{\frac{\sum (X - \bar{X})^2 F}{\sum F}} \quad (\text{分组数据}) \tag{7-5}$$

式中,X 表示总体各单位标志值;$\bar{X}$ 表示总体算术平均数;N 表示总体单位数;F 表示各组次数;$\sum$ 表示求和符号。

设总体 N 个单位中,1 表示具有某种属性的标志值,0 表示不具有某种属性的标志值,则总体成数的标准差为

$$\begin{aligned}
\sigma &= \sqrt{\frac{\sum (X - \bar{X})^2 F}{\sum F}} = \sqrt{\frac{(1-P)^2 + (1+P)^2 Q}{P+Q}} \\
&= \sqrt{\frac{Q^2 P + P^2 Q}{1}} = \sqrt{PQ(P+Q)} \\
&= \sqrt{PQ} = \sqrt{P(1-P)}
\end{aligned} \tag{7-6}$$

【例7-3】某批产品有1 000件,其中合格品900件,则产品合格率为90%;若将合格记为"1",不合格记为"0",则该批产品质量状况的平均数为

$$\overline{X} = 90\%$$

方差和标准差分别为

$$\sigma^2 = 90\% \times 10\% = 9\%$$

$$\sigma = \sqrt{9\%} = 30\%$$

2)抽样指标

由样本总体各个标志值计算的综合指标称为抽样指标。它是用来估计全及指标的,因此和全及指标相对应,有抽样平均数 $\overline{x}$、抽样成数 p、样本标准差 s、样本方差 s^2 等。

(1)样本平均数及样本方差(样本标准差)。设样本有 n 个变量:$x_1, x_2, \cdots, x_n$,则抽取样本的

简单平均数:
$$\overline{x} = \frac{\sum x}{n} \tag{7-7}$$

加权平均数:
$$\overline{x} = \frac{\sum xf}{\sum f} \quad (f \text{为权数}) \tag{7-8}$$

样本方差:
$$s^2 = \frac{\sum (x - \overline{x})^2}{n} \tag{7-9}$$

$$s^2 = \frac{\sum (x - \overline{x})^2 f}{\sum f} \quad (\text{分组数据}) \tag{7-10}$$

(2)样本成数及样本成数标准差。设样本 n 个单位中有 n_1 个单位具有某种属性,n_0 个单位不具有某种属性,$n_1 + n_0 = n$,p 为样本中具有某种属性的单位数所占的比例,q 为不具有某种属性的单位数所占的比例,则抽样成数为

$$p = \frac{n_1}{n}, \quad q = \frac{n_0}{n}, \quad p = 1 - q$$

同理,样本成数标准差为

$$s = \sqrt{p(1-p)} \tag{7-11}$$

3. 重复抽样和不重复抽样

重复抽样又称回置抽样,是一种在全及总体中允许多次重复抽取样本单位的抽选方法,即从总体中随机抽出一个样本,将它再放回去,使它仍有被抽到的可能性,在整个抽样过程中,总体单位数不变,被抽中的样本单位的概率也是完全相同的。

不重复抽样又称不回置抽样,即先被抽选的单位不再放回全及总体中去,一经抽出,就不会再有第二次被抽中的机会了,在抽样过程中,样本总数逐渐减少。

4. 抽样误差

抽样误差是指样本指标和总体指标之间数量上的差别。例如,抽样平均数与总体平均数之差 $(\overline{x} - \overline{X})$、抽样成数与总体成数之差 $(p - P)$ 等。

5. 抽样平均误差

抽样平均误差是抽样平均数(或抽样成数)的标准差,它反映抽样平均数(或抽样成数)与总体平均数(或总体成数)的平均差异程度。由于从一个总体可能抽取多个样本,

因此抽样指标（如平均数、成数等），就有多个不同的数值，因而对全及指标（如总体平均数、总体成数等）的离差也就有大有小，这就必须用一个指标来衡量抽样误差的一般水平。

在重复抽样条件下，简单随机抽样平均数的抽样平均误差计算公式为

$$\sigma_{\bar{x}} = \frac{\sigma}{\sqrt{n}} \qquad (7-12)$$

式中，$\sigma_{\bar{x}}$ 表示抽样平均数的抽样平均误差；σ 表示总体标准差；n 表示样本单位数。

抽样成数抽样平均误差的公式为

$$\sigma_P = \sqrt{\frac{P(1-P)}{n}} \qquad (7-13)$$

式中，σ_p 表示抽样成数的抽样平均误差；P 表示总体成数；n 表示样本单位数。

在大样本情况下，即 $n \geq 30$ 时，可以采用样本标准差代替总体标准差，用样本成数代替总体成数。

【例 7-4】 假设某小区共有 10 000 户居民，现要对某种商品的月需求量和需求倾向进行调查。用单纯随机抽样方法抽取 200 户居民进行调查，得到：每户居民对该商品的月需求量为 500 克，标准差为 100 克；表示继续消费该产品的居民户为 90%。现对抽样平均数和抽样成数的抽样平均误差进行计算。

解：抽样平均数的抽样平均误差为

$$\sigma_{\bar{x}} = \frac{\sigma}{\sqrt{n}} = \frac{100}{\sqrt{200}} = 7.1 \text{（克）}$$

抽样成数的抽样平均误差为

$$\sigma_P = \sqrt{\frac{P(1-P)}{n}} = \sqrt{\frac{0.9 \times 0.1}{200}} = 0.02 \text{（克）}$$

6. 抽样极限误差

抽样极限误差是指抽样估计时，应根据研究对象的差异程度和分析任务的需要来确定可允许的误差范围，这种允许的误差范围称为抽样极限误差。它小于或等于样本指标与总体指标之差的绝对值。

设 $\Delta_{\bar{x}}$、Δ_p 分别表示抽样平均数极限误差和抽样成数极限误差，则有

$$|\bar{x} - \bar{X}| \leq \Delta_{\bar{x}}, \quad |p - P| \leq \Delta_p$$

由上式可得

$$\begin{array}{c} \bar{x} - \Delta_{\bar{x}} \leq \bar{X} \leq \bar{x} + \Delta_{\bar{x}} \\ p - \Delta_p \leq P \leq p + \Delta_p \end{array} \qquad (7-14)$$

这两个不等式就是全及指标区间估计的公式。

7.1.3 抽样分布

1. 抽样分布的概念

每个随机变量都有其概率分布。样本指标是一种随机变量，它有若干可能取值（即可能样本指标数值），每个可能取值都有一定的可能性（即概率），从而形成它的概率分布，统计上称为抽样分布。简言之，抽样分布就是指样本统计量的概率分布。样本统计量是由 n 个随机变量构成的样本的函数，故抽样分布属于随机变量函数的分布。

2. 样本平均数的抽样分布形成过程

例如，总体有 N 个单位，从中随机抽取 n 个单位进行调查，重复抽样可抽取 N^n 个样本，从而可得到 N^n 个不尽相同的样本平均数。经整理，将样本平均数的全部可能取值及其出现的概率依序排列，就得到样本平均数的概率分布，即平均数的抽样分布。同理，可得样本比例的概率分布（即比例的抽样分布）和样本标准差的概率分布（标准差的抽样分布）。对于抽样分布，同样可计算其均值和方差（或标准差）等数字特征来反映该分布的中心和离散趋势。

【例 7-5】设某一总体包含 6 个单位，其标志值分别为 3、4、4、5、5、6。总体分布是一离散分布，其频率分布如表 7-1 所示。

表 7-1 总体中 6 个单位的标志值分布

总体标志 X	3	4	5	6
频率	1/6	1/3	1/3	1/6

经计算，总体平均数 $\bar{X}=4.5$，总体方差 $\sigma^2=0.917$。若从总体按重复抽样随机抽取容量为 2 的样本，则样本数共有 $6^2=36$ 个，然后再计算每个样本的平均数，详见表 7-2。

表 7-2 重复抽样样本容量为 2 的样本平均数

序号	样本	样本平均数	序号	样本	样本平均数	序号	样本	样本平均数
1	3 3	3.0	13	4 3	3.5	25	5 3	4.0
2	3 4	3.5	14	4 4	4.0	26	5 4	4.5
3	3 4	3.5	15	4 4	4.0	27	5 4	4.5
4	3 5	4.0	16	4 5	4.5	28	5 5	5.0
5	3 5	4.0	17	4 5	4.5	29	5 5	5.0
6	3 6	4.5	18	4 6	5.0	30	5 6	5.5
7	4 3	3.5	19	5 3	4.0	31	6 3	4.5
8	4 4	4.0	20	5 4	4.5	32	6 4	5.0
9	4 4	4.0	21	5 4	4.5	33	6 4	5.0
10	4 5	4.5	22	5 5	5.0	34	6 5	5.5
11	4 5	4.5	23	5 5	5.0	35	6 5	5.5
12	4 6	5.0	24	5 6	5.5	36	6 6	6.0

把平均数相同的样本归在一起，就得到如表 7-3 所示的样本平均数的频率分布。

表 7-3 样本平均数的频率分布

样本平均数	频数	频率
3.0	1	1/36
3.5	4	4/36
4.0	8	8/36
4.5	10	10/36
5.0	8	8/36
5.5	4	4/36
6.0	1	1/36

表7-3就是样本平均数的抽样分布。样本平均数对称地分布在总体平均数4.5的周围。当所选择的总体和样本的单位数较大时,样本平均数便接近正态分布。只要样本容量n足够大,样本平均数总是渐近地服从正态分布。在抽样推断中,许多场合下统计量服从正态分布或以正态分布为渐近分布。所以,正态分布是最常用的一种分布。此外,还有χ^2分布、t分布和F分布。

3. 样本平均数的抽样分布的特征

设总体$N(\mu, \sigma^2)$,$(x_1, x_2, \cdots, x_n)$是其中一个简单随机样本,则无论是重复抽样还是不重复抽样,样本平均数的平均数始终等于总体均值,即

$$E(\bar{x}) = \mu$$

样本平均数的方差与抽样方法有关。在重复抽样条件下,样本平均数的方差为总体方差的$1/n$,即

$$\sigma_{\bar{x}}^2 = \frac{\sigma^2}{n} \tag{7-15}$$

在不重复抽样条件下,样本平均数的方差需要用修正系数$\frac{N-n}{N-1}$去修正,即

$$\sigma_{\bar{x}}^2 = \frac{\sigma^2}{n}\left(\frac{N-n}{N-1}\right) \tag{7-16}$$

4. 样本比例的抽样分布

比例是一个常用的统计指标,如产品的合格率、某班学生考试成绩及格率等。总体中具有某一特征的单位数占总体全部单位数的比例称为总体比例,这里用π表示;样本中具有某种特征的单位数占样本全部单位数的比例称为样本比例,用p表示。

样本比例p的抽样分布是样本比例p的所有可能取值的概率分布。当样本容量很大时,样本比例p的抽样分布与正态分布近似。对于一个具体的样本比例p,若$np \geq 5$,就可以认为样本容量足够大。样本比例的平均数和方差为

$$E(p) = \pi \tag{7-17}$$

$$\text{重复抽样条件下:} \sigma_p = \frac{\pi(1-\pi)}{n} \tag{7-18}$$

$$\text{不重复抽样条件下:} \sigma_p = \frac{\pi(1-\pi)}{n}\left(\frac{N-n}{N-1}\right) \tag{7-19}$$

7.2 参数估计

参数估计是指通过对样本各单位的实际观察取得样本数据,计算样本统计量的取值作为被估计参数的估计值。总体参数估计有点估计和区间估计两种。

7.2.1 估计量的评选标准

估计总体参数,未必只能用一个统计量,也可以用其他统计量。例如,估计总体平均数时,可以用样本平均数,也可以用样本中位数、众数等。那么,应当以哪一种统计量作为总体参数的估计量才是最优的?这就有了评价统计量的优良估计标准问题。

作为优良估计应该符合以下四个标准:

1) 无偏性

无偏性即样本统计量的期望值（平均数）等于被估计的总体参数。也就是说，虽然每一次抽样所计算的统计量和总体参数的真值可能有误差，误差可正可负、可大可小，但在多次反复的估计中，所有样本统计量取值的平均数应该等于总体参数本身。即样本统计量的估计，平均来说是没有偏差的。样本平均数的期望值等于总体平均数，样本成数的期望值等于总体成数。即

$$E(\bar{x}) = \mu$$
$$E(p) = \pi$$

这说明，以样本平均数作为总体平均数的估计量，以样本成数作为总体成数的估计量，是符合无偏性原则的。

2) 一致性

当样本的单位数充分大时，样本统计量也充分靠近总体参数。也就是说，随着样本单位数 n 的无限增加，样本统计量和被估计的总体参数之差的绝对值小于任意小的数，它的可能性也趋近于必然性，或者说实际上是几乎肯定的。

3) 有效性

作为优良估计量的方差应该比其他估计量的方差小。例如，用样本平均数或用总体某一变量值来估计总体平均数，虽然两者都是无偏的，而且在每一次估计中两种估计量和总体平均数都可能有离差，但是样本平均数更靠近总体平均数的周围，平均来说其离差比较小。

4) 充分性

如果一个估计量能够带来样本中大量有用的信息，而且没有别的估计量能够为估计总体参数提供来自样本的更多信息，那么这个估计量就是充分的估计量。

不是所有估计量都符合以上标准。可以说，完全符合以上标准的估计量要比不符合或不完全符合以上标准的估计量更为优良。例如，在正态分布的情况下，总体平均数和中位数是重合在一起的，样本平均数是总体中位数的无偏估计量和一致估计量，而且样本平均数比样本中位数作为总体中位数的估计量也是更有效的，因为样本平均数的方差比样本中位数的方差更小。

7.2.2 点估计

点估计又称定值估计，它是利用样本计算出的统计量直接作为总体参数的估计量。直接用抽样平均数 $\bar{x}$、抽样成数 p、样本标准差 s、样本方差 s^2 来代替总体平均数 μ、总体成数 π、总体标准差 σ 和总体方差 σ^2。例如，某项调查采用抽样调查的方法对某市职工收入状况进行研究，该市有职工 56 000 名，其中男职工 36 000 名，女职工 20 000 名。若抽取 5 000 名职工进行调查，则他们的年平均收入为 10 000 元，据此推断全市职工年收入为 10 000 元。

7.2.3 区间估计

1. 抽样估计的置信度

在区间估计过程中，必须处理好抽样误差范围与置信度之间的关系。所谓置信度，就是抽样推断时可靠程度的大小。抽样推断可靠程度是指总体所有可能样本的指标落在一定区间

的概率度,通常用 t 表示。

对于置信度与抽样误差之间的关系,数理统计的理论可以用正态分布来描述,即在抽样误差前乘以 t,并使置信度成为 t 的分布函数 $F(t)$,将二者关系对应起来建立正态分布概率表,以便使用时查找。这样任何一个置信度都可以查到对应的 t 值。例如,几个常用的置信度 90%、95%、95.45%、99% 所对应的 t 值分别是 1.65、1.96、2、2.58。

2. 随机抽样的区间估计

区间估计是统计推断的常用方法,它是在考虑抽样误差的情况下以样本指标推断总体指标的过程,同时必须联系到前面所讲的抽样误差和置信度的关系。

区间估计既可以用于样本平均数推断总体平均数,也可以用于样本成数推断总体成数。

(1) 用样本平均数推断总体平均数的区间估计公式为

$$\bar{x} - \Delta_{\bar{x}} \leqslant \bar{X} \leqslant \bar{x} + \Delta_{\bar{x}} \qquad (7-20)$$

$$\Delta_{\bar{x}} = t\sigma_{\bar{x}}$$

式中,$\bar{X}$ 表示总体平均数;$\bar{x}$ 表示样本平均数;$t\sigma_{\bar{x}}$ 表示抽样平均数误差范围(即抽样极限误差 $\Delta_{\bar{x}}$)。

以上公式说明,总体平均数表现为样本平均数加(减)抽样误差范围的区间值,而不是一个固定点值。

(2) 用样本成数推断总体成数的区间估计公式为

$$p - t\mu_p \leqslant P \leqslant p + t\mu_p \qquad (7-21)$$

式中,P 表示总体成数;p 表示样本成数;$t\mu_p$ 表示抽样成数误差范围。

以上公式说明,总体成数表现为样本成数加(减)抽样误差范围的区间值,而不是一个固定点值。

【例 7-6】承接【例 7-4】问题,若置信度为 95%,试计算区间估计。

解:置信度为 95%,则其相应的 $t = 1.96$,从而有总体平均数的区间计算为

$$500 - 1.96 \times 7.1 \leqslant \bar{X} \leqslant 500 + 1.96 \times 7.1$$

$$486.1 \leqslant \bar{X} \leqslant 513.9$$

即居民对该商品的月平均需求量为 486.1 ~ 513.9 克。

总体成数的区间计算为

$$0.9 - 1.96 \times 0.02 \leqslant P \leqslant 0.9 + 1.96 \times 0.02$$

$$0.86 \leqslant P \leqslant 0.94$$

即居民中表示将继续消费该商品的居民户占 86% ~ 94%。

7.3 样本容量的确定

样本容量是指样本中含有总体单位数的多少。在一次抽样中,抽样数目的多少与抽样误差、调查费用等有直接关系。虽然抽样数目过大会使抽样误差减小,但它会增加调查的工作量,耗费的时间和经费会增多,这样就体现不出抽样调查的优越性;相反,抽样数目太少,虽然耗费会减少,但由于抽样误差会很大,同样会失去抽样调查的意义。因此,抽样调查中一项很重要的内容就是要确定必要的抽样数目。

7.3.1 估计总体均值时样本容量的确定

一旦确定了允许误差和置信水平,在重复抽样情况下,

$$\Delta_{\bar{x}} = t\sigma_{\bar{x}} = t\frac{\sigma}{\sqrt{n}}$$

可以推出

$$n = \frac{t^2\sigma^2}{\Delta_{\bar{x}}^2} \tag{7-22}$$

在不重复抽样条件下,

$$\Delta_{\bar{x}} = t\sigma_{\bar{x}} = t\frac{\sigma}{\sqrt{n}}\sqrt{\frac{N-n}{N-1}}$$

从而可以推出

$$n = \frac{Nt^2\sigma^2}{N\Delta_{\bar{x}}^2 + t^2\sigma^2} \tag{7-23}$$

【例7-7】某食品厂要检验本月生产的10 000袋产品的质量,根据上月资料,这种产品每袋质量的标准差为25克。要求在95.45%的概率保证程度下,平均每袋质量的误差范围不超过5克。

问:若分别采用重复抽样和不重复抽样方法进行抽样,则各应抽查多少袋产品进行检验?

解:已知,$\sigma = 25$ 克,$\Delta_{\bar{x}} = 5$ 克,$t = 2$,$N = 10\ 000$ 袋,则重复抽样应抽取的必要抽样数目为

$$n = \frac{t^2\sigma_{\bar{x}}^2}{\Delta_{\bar{x}}^2} = \frac{2^2 \times 25^2}{5^2} = 100\ (袋)$$

不重复抽样应抽取的必要抽样数目为

$$n = \frac{Nt^2\sigma^2}{N\Delta_{\bar{x}}^2 + t^2\sigma^2} = \frac{10\ 000 \times 2^2 \times 25^2}{10\ 000 \times 5^2 + 2^2 \times 25^2} = 99\ (袋)$$

7.3.2 估计总体比例时样本容量的确定

1. 根据总体比例允许误差的公式推出重复抽样情况下必要的抽样数目

$$n = \frac{t^2 p(1-p)}{\Delta_p^2} \tag{7-24}$$

2. 不重复抽样情况下必要的抽样数目

$$n = \frac{Nt^2 p(1-p)}{N\Delta_p^2 + t^2 p(1-p)} \tag{7-25}$$

【例7-8】某企业对一批产品进行质量检验,这批产品的总数为5 000件,过去几次同类调查所得的产品合格率为93%、95%和96%,为了使合格率的允许误差不超过3%。

问:在99.73%的概率下,采取重复抽样和不重复抽样各应抽查多少件产品?

解:已知 $N = 5\ 000$,$\Delta_p = 3\%$,$t = 3$。

为保证抽样推断的把握程度,确定必要的抽样数目时,若有多个可供参考的方差数值,

则应选其中方差最大值来计算。由于比例的方差 $\sigma^2 = p(1-p)$，所以，推断比例时必要的抽样数目应取最接近50%的比例来计算。本例中，根据过去同类调查资料，有三个合格率可供参考，应取 $P = 93\%$，所以，

在重复抽样条件下

$$n = \frac{t^2 p(1-p)}{\Delta_p^2} = \frac{3^2 \times 0.93 \times 0.07}{0.03^2} = 651 \text{（件）}$$

在不重复抽样条件下

$$n = \frac{Nt^2 p(1-p)}{N\Delta_p^2 + t^2 p(1-p)} = \frac{5\,000 \times 3^2 \times 0.93 \times 0.07}{5\,000 \times 0.03^2 + 3^2 \times 0.93 \times 0.07} = 576 \text{（件）}$$

3. 影响样本容量的因素

从上述公式和例题可知，必要的抽样数目受以下因素影响：

（1）总体方差 σ^2（或总体标准差）。其他条件不变的情况下，总体单位的差异程度大小与抽样数目成正比。总体单位之间的差异程度大则应多抽，反之可少抽一些。在抽样之前，既不知道总体方差的实际值，也无样本资料来代替，怎样估计总体方差呢？通常是用以前同类调查的资料代替。若有多个方差数值供参考时，应选其中最大的方差。

（2）允许误差范围。在其他条件不变的情况下，允许误差大小与样本数目多少成反比。允许误差大意味着推断的精度要求降低，在其他条件不变的情况下，可减少必要的抽样数目；反之，缩小允许误差，就要增加必要的抽样数目。

（3）置信度。在其他条件不变的情况下，置信度与抽样数目成正比。即要提高推断的置信程度，就必须增加抽样数目。

（4）抽样方法。相同条件下，采用重复抽样应比不重复抽样多抽一些样本单位。不过，总体单位数 N 很大时，二者差异很小。所以为方便起见，实际中当总体单位数很大时，一般都按重复抽样公式计算必要的抽样数目。

有必要指出，在一次抽样中，如果要同时满足估计总体均值和总体比例两方面的需要，在根据两种公式计算的抽样数目不等时，应取其中大的数值。

> **思考练习题**

一、填空题

1. 根据取样方式不同，抽样方法有_____和_____两种。
2. 抽样平均误差是指抽样平均数的_____，它反映抽样平均数与总体平均数据的_____。
3. 抽样估计的方法有_____和_____两种。
4. 常用的随机抽样方法有_____、_____、_____、_____等。
5. 常用的非随机抽样方法有_____、_____、_____三种。

二、单项选择题

1. 抽样推断的主要目的是（　　）。
  A. 对调查单位做深入研究　　　　B. 计算和控制抽样误差
  C. 用样本指标来推算总体指标　　D. 广泛运用数学方法
2. 按随机原则抽样即（　　）。

A. 随意抽样 B. 有意抽样 C. 无意抽样
D. 选取样本时要求总体中每个单位都有相等的机会或可能性被抽中

3. 抽样应遵循的原则是（　　）。
A. 随机原则 B. 同质性原则
C. 系统原则 D. 及时性原则

4. 样本是指（　　）。
A. 任何一个总体
B. 任何一个被抽中的调查单位
C. 抽样单元
D. 由被抽中的调查单位所形成的总体

5. 从单位总量为 20 的总体中以简单随机重复抽样抽取 5 个单位，则可能的样本数目是（　　）。
A. 250 个 B. 25 个 C. 3 200 000 个 D. 15 504 个

6. 从单位总量为 20 的总体中以简单随机不重复抽样抽取 5 个单位，则可能的样本数目是（　　）。
A. 250 个 B. 25 个 C. 3 200 000 个 D. 15 504 个

7. 抽样误差是指（　　）。
A. 在调查过程中由于观察、测量等差错所引起的误差
B. 在调查中违反随机原则出现的系统误差
C. 随机抽样而产生的代表性误差
D. 人为原因所造成的误差

8. 抽样极限误差是（　　）。
A. 随机误差 B. 抽样估计所允许的误差的上下界限
C. 最小抽样误差 D. 最大抽样误差

9. 抽样平均误差就是（　　）。
A. 样本的标准差 B. 总体的标准差
C. 随机误差 D. 样本指标的标准差

10. 点估计的优良标准是（　　）。
A. 无偏性、数量性、一致性 B. 无偏性、有效性、数量性
C. 有效性、一致性、无偏性 D. 及时性、有效性、无偏性

11. 若有多个成数资料可供参考时，确定样本容量或计算抽样平均误差应该使用（　　）。
A. 数值最大的那个成数 B. 数值最小的那个成数
C. 0.5 D. 数值最接近或等于 0.5 的那个成数

12. 抽样时需要遵循随机原则的原因是（　　）。
A. 可以防止一些工作中的失误
B. 能使样本与总体有相同的分布
C. 能使样本与总体有相似或相同的分布
D. 可使单位调查费用降低

三、多项选择题

1. 影响抽样平均误差的因素有（　　）。
   A. 总体标志变异程度　　B. 样本容量　　C. 抽样方式
   D. 抽样的组织形式　　E. 样本指标值的大小

2. 抽样估计的抽样平均误差（　　）。
   A. 是不可避免要产生的　　B. 是可以通过改进调查方法消除的
   C. 是可以事先计算的　　D. 只有调查结束之后才能计算
   E. 其大小是可以控制的

3. 确定样本容量时，可用以下方法取得近似的总体方差估计值（　　）。
   A. 参考以往调查的经验资料
   B. 以试点调查的样本方差来估计
   C. 在做成数估计时，用成数方差最大值 0.25 来代替
   D. 假定总体不存在标志变异，方差为零

四、计算题

1. 某商店对新购进的一批商品实行简单随机抽样检查，抽样后经计算得：该商品的合格率为 98%，抽样平均误差为 1%。试在如下条件下分别估计该批商品的合格率：
   （1）给定可靠度为 95%；
   （2）给定极限误差为 2%。

2. 为检查某批电子元件的质量，随机抽取 1% 的产品，将测得结果整理成如下表的形式：

耐用时间/小时	元件数/只
1 200 以下	10
1 200 ~ 1 400	12
1 400 ~ 1 600	55
1 600 ~ 1 800	18
1 800 以上	5
合计	100

质量标准规定：元件的耐用时间在 1 200 小时以下为不合格品。若给定可靠度为 95%，试确定：
（1）该批电子元件的平均耐用时间；
（2）该批元件的合格品率。

3. 为研究某市居民家庭收入状况，以 1% 比例从该市的所有住户中按照简单随机重复抽样的方法抽取 625 户进行调查，结果为：户均收入为 8 000 元，每户收入的标准差为 900 元。要求：
（1）以 99% 的置信度估计该市的户均收入；
（2）如果允许误差减少到原来的 1/2，其他条件不变，则需要抽取多少户？

4. 欲在一个有 50 000 户居民的地区进行一项抽样调查，要求估计"拥有电冰箱的户数所占比例"（经验数据范围为 49%~60%）的误差不超过 2%，并要求估计"拥有空调的户数所占比例"（经验数据范围为 10%~30%）的误差不超过 2%。给定可靠度为 95.45%，试确定必要的样本容量。

实训项目

随机从本班学生人数总体中抽得 25 人构成样本，测量 25 人的平均身高。根据经验和以往资料知身高服从正态分布，身高的标准差为 4 厘米，问在 90% 和 95% 的显著性水平下，本班学生人数总体的平均身高是多少？

第八章

相关与回归分析

任务引入

弗朗西斯·高尔顿（Francis Galton）被誉为现代相关和回归分析的创始人。1875年，他利用豌豆实验确定尺寸的遗传规律。他挑选七组不同尺寸的豌豆，说服他的朋友每一组种植10粒种子，最后把原始的豌豆种子与新长的豌豆种子进行尺寸比较。当结果被绘制出来后，他发现并非每一个子代都与父代一样，相同的是，尺寸小的豌豆会得到尺寸更大的子代，而尺寸大的豌豆却得到尺寸较小的子代，这一现象叫作"返祖"现象（趋向于祖先的某种平均类型），反来又称为"向平均回归"。

高尔顿将此方法用到人类身上，他发现，虽然有一个趋势：父母高，子女也高；父母矮，子女也矮，但从平均意义上说，给定父母的身高，子女的身高趋同于或者说回归于总人口的平均身高。换句话说，尽管父母都异常高或异常矮，子女身高并非普遍地异常高或异常矮，而是具有回归于人口总平均高的趋势。他把这叫作对均值的"回归"，这一发现构成了回归分析的基础。

为了探讨这种遗传学问题，他在1885年进行了豌豆实验，以验证关于"个子"的猜想，结果如表8-1所示。

表8-1　高尔顿的豌豆实验数据

代别	种子直径/英寸①						
上一代	15	16	17	18	19	20	21
下一代	15.4	15.7	16.0	16.3	16.6	17.0	17.3

小个子豌豆的下一代没那么小，大个子豌豆的下一代不是变得更大，而是比上一代较小些，高尔顿称此为"回复变异"。

---

① 1英寸=2.54厘米。

学习目标

(1) 了解相关的概念以及相关分析的基本内容。
(2) 掌握利用相关系数判断现象相关程度的方法。
(3) 掌握一元线性回归分析的基本原理。
(4) 了解相关分析与回归分析的异同。
(5) 熟悉估计标准误差的意义和计算方法。
(6) 熟悉利用线性回归方程进行预测。

8.1 相关分析

8.1.1 相关分析的概念

知识链接8-1

加拿大的一位科学家（Dr. Peter Yu）猜测：严重暴力罪犯是否在生理结构上就与正常人有区别？之后，他研究了监狱内几十名严重暴力罪犯的血样，发现其中一种叫作 MAO 的物质只相当于正常人的 1/3，而且暴力犯罪越严重，MAO 含量越低。西班牙的一位科学家对斗牛士进行了相似的实验，也得到相似的结果。Dr. Peter Yu 同样也对一些胆子很小、"不惜一切，避免任何风险"的人进行了相似的实验，发现 MAO 含量偏高。于是，他着手研制一种能够降低某些胆小的人血液中的 MAO 含量的药，以使他们能与普通人同样生活。这是一种现象：暴力倾向强的人，同时血液中 MAO 的含量也低；相反，胆子小的人，MAO 含量高。人们会很自然地猜测——MAO 是否决定了一个人的暴力倾向？

诸如此类的情况，都存在这样的过程：人们发现某种现象的变化经常会引起另一现象的变化，这可以被视为不太明确的规律；人们为了验证、利用这些规律，会进一步实验，筛选出最主要的变量，再进行理论论证，直至形成一种比较稳定的、可控的操作模式。这个过程用统计术语来表述就是：通过大量观察，发现某两个变量之间的相关关系，再对这两个变量的一系列观测值进行有效的统计技术处理（下面将要介绍的回归分析方法是主要的手段），形成具有一定概率的统计规律。如何验证或解释统计规律则是统计方法以外的事业，前述三个事例都属于生物学、生理学领域。经济现象中的"恩格尔定律"也有类似的情形。

"事物间是普遍联系的"，一种现象的变化总是依赖或影响着其他现象的变化，运用统计方法的目的之一就是从数量上测度事物之间的"联系及其程度"。事物之间存在依存关系，从统计学的视角看，可以把事物间的关系视为变量间的关系。为了简化讨论，假设相互联系发生在两个事物或两个变量之间，则两者间关系的紧密程度即统计学要探索和度量的对象。

例如，一瓶纯净水价格为 2 元钱，我们每多买一瓶，就需要多花费 2 元钱，将购买数量（瓶）记为 x，支付总额记为 y，则 $y=2x$。这种关系说明，一个变量的变化完全能够决定另一个变量的变化。其他的类似情况很多，其基本特点是：当自变量取某一个值时，因变量有确定的值与之对应，这就是"函数关系"。因此，函数关系是指事物之间客观存在的，并且在数量关系上是严格的确定性的关联。

然而，现实世界中还有许多情况是现象之间存在着客观联系，但在数量上表现为不确定的相互关系。例如，一般地，一个人的身高越高，他的体重也应该越重，但我们会发现有些身高为 1.60 米的人较身高为 1.70 米的人体重重；又如，单位生产成本的高低与利润的多少的关系；广告费支出与产品销售量之间的关系等。类似的情况很多，其基本特点是：当一种现象发生数量上的变化时，另一现象也会相应地发生变化，但其变化是不确定的。众多现象所形成的复杂性和认识的局限性，或者实验误差、测量误差等偶然因素，使得当一个变量发生变化时，另一个变量与之对应的数值变化会有多种可能，或分布于平均值周围，或在一定区间内随机波动。统计学中，把这种现象之间在数量上非确定性的对应关系叫作"相关关系"或"统计关系"。因此，我们把相关看作现象或变量之间的数量关联，从而有

(1) 完全确定的关联——函数关系。
(2) 部分确定的关联 ⎫
(3) 完全不确定的关联 ⎬ 相关关系。

从以上的分析可以看出，探讨现象之间的相关关系是发现事物内在相关性的一种捷径，有时甚至能够指明研究方向的重要信息，而且许多现象也证实了这种机制。例如，天花是一种毁坏性很强的传染病，但有人发现，牧场里挤牛奶的姑娘几乎从来不染天花，经过多次的"试错"活动，牛痘诞生了，天花不再肆虐，以至于现在，天花病毒在某些范围内成为濒临灭绝的需要保护的生物物种；再如，风湿性关节炎是一种顽疾，但人们发现，养蜂人几乎不患关节炎，与产生牛痘的艰难过程相似，治疗关节炎的"蜂毒"出现了。

8.1.2 相关分析的分类

感知某种事物的存在，人们很自然地就要去理解、解释这种事物。现象间存在着相关关系，这些"关系"成为认识的对象，我们不禁要问：这些关系是怎样的？从科学方法的角度看，对研究对象进行适当的分类是必要的。

现象间的相关关系可以按照不同的标准进行分类。

(1) 按相关的程度划分为完全相关、不完全相关和不相关。完全相关是指一个变量的变动必然会引起另一个变量的确定性变动的相关关系，如圆的面积与其半径的相关关系。完全相关即函数关系。不相关是指一个变量的变动完全不受另一个变量数量变动的影响，彼此间相互独立。不完全相关是指一个变量发生有规律的变动，能引起另一变量对应的规律性变动，但变动关系不确定。

(2) 按相关的变化方向是否相同可以分为正相关和负相关。当一个变量的数量变动与另一个变量的数量变动方向一致时，称为正相关。如政府财政收入增加，则下拨给各预算单位的财政拨款也会随之增加。当一个变量的数量变动与另一个变量的数量变动方向相反时，称为负相关。如劳动生产率提高，则单位产品所消耗的时间会减少。

(3) 按相关关系中所涉及变量的多少可以分为单相关和复相关。单相关又称简相关，是指两个变量之间的相关关系，即只有一个自变量和一个因变量之间的相关，如投入与产出之间的关系。复相关又称多元相关，是指三个或三个以上变量之间的相关关系，如商品销售额与居民人均可支配收入、商品价格之间的相关关系。

(4) 按相关的表现形式不同可以分为直线相关和曲线相关。直线相关又称线性相关，

是指当一个变量变动时,另一个变量随之发生大致均等的变动的相关关系。曲线相关又称非线性相关,是指当一个变量变动时,另一个变量也随之发生变动,但这种变动不是均等的。在平面直角坐标图中,前者是变量间变化所对应数值的散点分布近似地表现为一条直线;而后者对应数值的散点分布近似地表现为一条曲线,如抛物线、指数曲线等。如产品产量与单位产品的生产成本之间的关系,当产品产量在合理范围内增加时,单位产品的生产成本会降低,一旦产品增加超过经济规模,则产量越多,单位产品成本反而会上升。这就是非线性相关关系。

8.1.3 相关关系的度量

在研究现象间的相关关系时,常常采用统计分析指标相关系数来表明变量之间的相关关系。

相关系数(Correlation Coefficient)是在直线相关的条件下,用于表明两个变量之间相关关系密切程度的统计分析指标。变量 X 和 Y 的相关系数定义为

$$\mathrm{Corr}(X,Y) = \frac{\mathrm{Cov}(X,Y)}{\sqrt{\mathrm{Var}(X)}\sqrt{\mathrm{Var}(Y)}}$$

$$r = \frac{\sum(x-\bar{x})(y-\bar{y})}{\sqrt{\sum(x-\bar{x})^2 \sum(y-\bar{y})^2}}$$

$$= \frac{n\sum xy - \sum x \sum y}{\sqrt{n\sum x^2 - (\sum x)^2} \cdot \sqrt{n\sum y^2 - (\sum y)^2}}$$

相关系数的计算方法有很多种,实际应用中常用积差法计算。其中,$\mathrm{Corr}(X,Y)$ 常用 r 表示;$\mathrm{Cov}(X,Y)$ 是协方差;$\mathrm{Var}(X)$ 和 $\mathrm{Var}(Y)$ 分别是变量 X 和 Y 的方差。相关系数 $\mathrm{Corr}(X,Y)$ 具有以下性质:

(1) $|\mathrm{Corr}(X,Y)| \leq 1$,

(2) $|\mathrm{Corr}(X,Y)| = 1$ 当且仅当 $P\{Y = a + bX\} = 1$。

相关系数 $\mathrm{Corr}(X,Y)$ 的数值总是介于 -1 与 1 之间。若 $\mathrm{Corr}(X,Y)$ 为正数或负数,则表示两变量为正相关或负相关;$\mathrm{Corr}(X,Y)$ 的绝对值越接近1,说明两个变量间线性相关关系越密切;反之,$\mathrm{Corr}(X,Y)$ 越接近0,说明两个变量间线性相关关系越弱,但这并不表示两变量间不存在其他形式的相关关系,如曲线相关;特别地,当 $\mathrm{Corr}(X,Y) = 0$ 时,称 X 和 Y 不相关,表示两变量间无线性相关关系。可见,相关系数是判断变量间线性关系的重要指标。

【例8-1】 对红星公司生产的八种产品的销售额和销售利润进行调查,将调查得到的原始数据按产品销售额从小到大的顺序排列后,编制相关报表,如表8-2所示。

表8-2 红星公司产品销售额和销售利润报表

产品编号	产品销售额/万元	销售利润/万元
1	430	22.0
2	480	26.5
3	650	32.0

续表

产品编号	产品销售额/万元	销售利润/万元
4	740	44.0
5	950	64.0
6	1 000	69.0
7	1 170	72.0
8	1 200	77.0

现在利用相关系数公式进行计算，将各数据代入公式求得相关系数，如表8-3所示。

表8-3 相关系数计算表

产品编号	产品销售额 x	销售利润 y	xy	x^2	y^2
1	430	22.0	9 460	184 900	484
2	480	26.5	12 720	230 400	702.25
3	650	32.0	20 800	422 500	1 024
4	740	44.0	32 560	547 600	1 936
5	950	64.0	60 800	902 500	4 096
6	1 000	69.0	69 000	1 000 000	4 761
7	1 170	72.0	84 240	1 368 900	5 184
8	1 200	77.0	92 400	1 440 000	5 939
合计	6 620	406.5	381 980	6 096 800	24 116.25

$$r = \frac{n\sum xy - \sum x \sum y}{\sqrt{n\sum x^2 - (\sum x)^2} \cdot \sqrt{n\sum y^2 - (\sum y)^2}}$$

$$= 0.985$$

从求得的相关系数可知，产品的销售额和销售利润之间存在高度正相关关系。

8.2 一元线性回归分析

知识链接8-2

相关分析与回归分析都是处理变量之间相关关系的一种统计方法。

相关分析是确定变量相关关系的具体形式，但无法从一个变量的变化来推测出另一个变量的变化情况。因此，相关分析需要利用回归分析来表明现象数量关系的具体形式，回归分析则应该建立在相关分析的基础上。回归分析和相关分析是互相补充、密切联系的。

回归分析是研究两种或两种以上变量之间相互依赖的定量关系的统计分析方法，在很多行业都有广泛的应用。无论是银行、保险、电信等服务行业的业务分析人员在进行数据库营销、欺诈风险侦测，还是半导体、电子、化工、医药、钢铁等制造行业的研发技术人员在进行新产品实验设计与分析、流程优化与过程监控,或者更广义地说,不同类型的企业在开展质量管理和六〇项目时,都会用到回归分析。

回归分析可以帮助我们判断哪些因素的影响是显著的,哪些因素的影响是不显著的,还可以利用求得的回归方程进行预测和控制。

相关分析与回归分析的主要联系是:

(1) 研究有一定联系的两个变量之间是否存在直线关系以及如何求得直线回归方程等问题,需进行直线相关和回归分析。

(2) 从研究目的来说,若仅仅为了了解两变量之间呈直线关系的密切程度和方向,则宜选用线性相关分析;若仅仅为了建立由自变量推算因变量的直线回归方程,则宜选用直线回归分析。

(3) 作相关分析时要求两变量都是随机变量(如人的身高与体重);作回归分析时要求因变量是随机变量,自变量可以是随机的,也可以是一般变量(即可以事先指定变量的取值,如用药的剂量)。

(4) 在实际应用中,当两变量都是随机变量时,常需同时给出这两种方法分析的结果;另外,若用计算器来实现统计分析,则可用对相关系数的检验取代对回归系数的检验,以达到化繁为简的目的。

相关分析与回归分析的主要差别是:

(1) 在回归分析中,y 被称为因变量,处在被解释的特殊地位,而在相关分析中,x 与 y 处于平等的地位,即研究 x 与 y 的密切程度和研究 y 与 x 的密切程度是一致的。

(2) 相关分析中,x 与 y 都是随机变量,而在回归分析中,y 是随机变量,x 可以是随机变量,也可以是非随机的。通常在回归模型中,总是假定 x 是非随机的。

(3) 相关分析研究的主要是两个变量之间的密切程度,而回归分析不仅可以揭示 x 对 y 的影响大小,还可以由回归方程进行数量上的预测和控制。

总而言之,通过相关分析,可以判断两个或两个以上的变量之间是否存在相关关系,以及相关关系的方向、形式及相关程度;回归分析则首先对具有相关关系现象间数量变化的规律进行度量,确定一个回归方程式,并对所建立的回归方程式的有效性进行分析,以便进一步估计和预测。

8.2.1 一元线性回归分析的概念

如果两个变量呈现直线相关关系(即两变量的增长比率为常数),则其变动的规律可用一条直线来说明,即 $y = a + bx$。基于两变量之间的数量变化常常是采用近似于一条直线的方式变动,因此,回归分析可以利用数学上的线性分析法,即采用一条直线进行统计分析,这条关于 x 与 y 的回归直线称为估计回归线,采用的回归线的方程式称为回归方程式,一元线性回归方程式表示为:$\hat{y} = a + bx$,其中 $\hat{y}$ 表示 y 的估计值,a 表示直线在纵轴上的截距,b 表示直线的斜率,在回归分析中称为回归系数。当 b 为正时,表明自变量和因变量按相同方向变动;当 b 为负时,表明自变量和因变量按相反方向变动。a 和 b 都叫待定参数,可根据实际资料求解其数值,最后确定回归直线方程式。

回归分析的主要步骤有:

(1) 确定相关关系的数学表达式。如果变量之间表现为直线相关,则采用直线方程的方法；如果变量之间表现为曲线相关，则采用曲线方程的方法。回归方程的构建是进行回归预测和计算的依据。

（2）根据回归方程，利用自变量的数值对因变量的相应值进行估计。假定变量在未来某一时间内仍以回归方程为规律进行变化，则根据直线方程或曲线方程可以得出自变量的若干数值，代入回归方程，计算出因变量的估计值或预测值。

（3）确定应变量估计值的误差。采用数学方程式来表达变量间的变化关系后，根据此关系式可以用给定的自变量值计算出因变量的估计值。因变量估计值与实际值误差越大，说明建立的数学方程式的代表性越小；反之，因变量估计值与实际值误差越小，则说明数学方程式的代表性越大。

8.2.2 一元直线回归模型的建立及应用

在进行相关分析时，如果自变量与因变量对应的点大致分布在一条直线周围或计算出相关系数具有显著的直线相关关系，那么都可拟合一条回归直线。由于根据分布的散点可以连接成若干条直线，其中每一条直线都能在一定程度上代表这些散点，且每一条直线都与这些散点之间存在不同程度的误差，因此，对两个变量进行一元线性回归分析的任务就是在分散的、具有线性关系的相关点之间拟合一条最优直线，以表明两变量之间的变动关系。

1. 一元线性回归方程建立

相关分析是以线性关系为样板，讨论变量 x 和 y 的相关程度，这一程度用相关系数表示。我们不禁要问：这个样板是什么？也就是把这个做样板的线性表达式

$$\hat{y} = a + bx \tag{8-1}$$

给出来，即相当于把系数 a 和 b 估计出来。这样，变量 x 和 y 的关系就可以表示为

$$y = a + bx + \varepsilon = \hat{y} + \varepsilon \tag{8-2}$$

式中，ε 为误差，是一个随机变量。显然，相关系数绝对值越大，误差 ε 在表达式中占的比例就越小，也就是线性部分 $\hat{y}$ 占的比例越大，这就有可能用线性表达式（8-1）近似表达变量 x 和 y 的关系。称线性表达式（8-1）为变量 y 对于 x 的一元线性回归方程。

回归分析的主要任务是回答：

（1）回归方程（8-1）能否近似代表变量 x 和 y 的关系。这实际是对线性部分与误差部分各占比例的估量。

（2）怎样估计回归方程（8-1），也就是怎样估计参数 b_0 和 b_1。显然，在任务（2）完成前，任务（1）无从开始。

2. 回归的基本假设

解决回归分析的主要任务还是需要从样本

$$(x_i, y_i), \quad i = 1, 2, \cdots, n \tag{8-3}$$

入手。套用式（8-1），可将式（8-3）写成

$$y_i = a + bx_i + \varepsilon_i, \quad i = 1, 2, \cdots, n \tag{8-4}$$

以下所有分析推导都从式（8-4）出发。显然，需要用到一些数学方法。为此提出以下基本假设：

假设 1　$E(\varepsilon_i) = 0, \quad i = 1, 2, \cdots, n;$

假设 2　$\text{Var}(\varepsilon_i) = \sigma^2 = \text{const}, \quad i = 1, 2, \cdots, n;$

假设3　$Cov(\varepsilon_i, \varepsilon_j) = 0$，$i \neq j$；

假设4　$\varepsilon_i \sim N(0, \sigma^2)$，$i = 1, 2, \cdots, n$。

3. 回归系数 a、b 的最小二乘估计

这一步骤实际是估计回归方程。作为变量 x 和 y 实际关系的近似，自然要求回归方程（8-1）计算出的 y 值与样本观察值具有最小误差，即把 x 代入式（8-1）计算出的 y 值

$$\hat{y}_i = a + bx_i, \quad i = 1, 2, \cdots, n \tag{8-5}$$

与实际观察到的 y_i 误差最小。为此，取误差的平方和

$$Q(a,b) = \sum_{i=1}^{n}(y_i - \hat{y}_i)^2 = \sum_{i=1}^{n}(y_i - a - bx_i)^2 \tag{8-6}$$

在求 $Q(a, b_1)$ 最小值过程中，得到 a、b 的估计。数学上把这一方法叫作最小二乘法。

利用多元函数求极值方法，令

$$\frac{\partial Q}{\partial b_0} = 0, \quad \frac{\partial Q}{\partial b_1} = 0$$

得到关于 a 与 b 的线性方程组为

$$\begin{cases} \sum_{i=1}^{n}(y_i - a - bx_i) = \sum_{i=1}^{n}(y_i - \hat{y}_i) = 0 \\ \sum_{i=1}^{n}(y_i - a - b_1 x_i)x_i = \sum_{i=1}^{n}(y_i - \hat{y}_i)x_i = 0 \end{cases} \tag{8-7}$$

解之，得

$$b = \frac{\sum_{i=1}^{n}(x_i - \bar{x})(y_i - \bar{y})}{\sum_{i=1}^{n}(x - \bar{x})^2} = \frac{n\sum xy - \sum x \sum y}{n\sum x^2 - (\sum x)^2} \equiv \hat{b}$$

$$a = \bar{y} - b\bar{x} = \frac{\sum y}{n} - b\frac{\sum x}{n} \equiv \hat{a} \tag{8-8}$$

这就是回归系数的估计式。据此，可以完全确定回归方程。

【例8-2】 以表8-2资料为例，对红星公司八种产品的销售额与销售利润的相关数据进行回归分析。

$$b_1 = \frac{n\sum xy - \sum x \sum y}{n\sum x^2 - (\sum x)^2}$$

$$= \frac{2 \times 381\,980 - 6\,620 \times 4\,065}{5 \times 6\,096\,800 - (6\,620)^2} = 0.074$$

$$a = \frac{\sum y}{n} - b\frac{\sum x}{n}$$

$$= \frac{406.5}{8} - 0.074 \times \frac{6\,620}{8} = -10.173$$

所以

$$\hat{y} = a + bx = -10.173 + 0.074x$$

在此方程中，回归系数 b 表示当销售额年增加 1 万元时，利润额平均增加 0.074 万元。将表 8-3 中销售额（自变量）的每一项数值代入所得方程即可求得销售利润（因变量）的对应估计值。

8.2.3 估计标准误差

估计标准误差是用于说明回归估计误差的大小及回归方程代表性高低的统计分析指标。其计算方法与前述标准差基本相同。估计标准误差表示估计理论值的代表性，估计标准误差小，表示回归方程估计准确程度大，代表程度高；反之，估计标准误差大，表示回归方程估计准确程度小，代表程度低。通常只有在估计标准误差小的情况下，用回归方程估计预测值才有实际价值。

估计标准误差的计算公式为

$$S_{YX} = \sqrt{\frac{\sum (Y - \overline{Y})^2}{n-2}}$$

式中，S_{YX} 表示估计标准误差；$n-2$ 表示自由度，因为一元线性回归方程中有两份参数，在利用 n 个样本点来拟合一元线性回归方程时，样本数据就有了两个约束条件，从而就失去了两个自由度。

【例 8-3】 以表 8-2 所示资料为例计算估计标准误差，如表 8-4 所示。

表 8-4 估计标准误差计算表

产品编号	产品销售额 x	销售利润 y	$\hat{y}$	$(y-\bar{y})$	$(y-\bar{y})^2$
1	430	22.0	21.517	0.483	0.233
2	480	26.5	25.202	0.798	0.637
3	650	32.0	37.731	-5.731	32.844
4	740	44.0	44.364	-0.364	0.132
5	950	64.0	59.841	4.159	17.300
6	1 000	69.0	63.526	5.474	29.969
7	1 170	72.0	76.054	-4.054	16.438
8	1 200	77.0	78.265	-1.265	1.601
合计	6 620	406.5	—		99.155

把计算结果代入公式，可得

$$S_{YX} = \sqrt{\frac{\sum (Y - \overline{Y})^2}{n-2}} = \sqrt{\frac{99.155}{8-2}} = 4.087 \text{（万元）}$$

计算结果表明，估计标准误差是 4.087 万元。对每一种产品来说，其误差有正有负，但平均后的误差为 4.087 万元。

思考练习题

一、填空题

1. 相关关系依影响因素的多少分为_____和_____；依相关方向不同分为_____和_____；依相关的表现形式不同分为_____和_____。
2. 在判定现象相关关系密切程度时，主要用_____进行一般性判断。
3. 估计标准误差是_____与_____之间的标准差，它是说明_____的综合指标。
4. 相关系数的取值范围是_____。
5. 相关系数是用于反映_____条件下，两变量相关关系的密切程度和方向的统计指标。
6. 直线相关系数等于零，说明两变量之间_____；直线相关系数等于1，说明两变量之间_____；直线相关系数等于 -1，说明两变量之间_____。
7. 对现象之间变量的统计学是从两个方面进行的，一方面是研究变量之间关系的_____，这种研究称为相关分析；另一方面是研究关于自变量和因变量之间的变动关系，用数学方程式表达，称为_____。
8. 用来说明回归方程代表性大小的统计分析指标是_____。

二、选择题

1. 某同学由 x 与 y 之间的一组数据求得两个变量间的线性回归方程为 $y = bx + a$，已知：数据 x 的平均值为2，数据 y 的平均值为3，则（　　）。
   A. 回归直线必过点 (2, 3)　　　　　B. 回归直线一定不过点 (2, 3)
   C. 点 (2, 3) 在回归直线上方　　　D. 点 (2, 3) 在回归直线下方
2. 在一次实验中，测得 (x, y) 的四组值分别是 $A(1, 2)$，$B(2, 3)$，$C(3, 4)$，$D(4, 5)$，则 y 与 x 之间的回归直线方程为（　　）。
   A. $\hat{y} = x + 1$　　B. $\hat{y} = x + 2$　　C. $\hat{y} = 2x + 1$　　D. $\hat{y} = x - 1$
3. 在对两个变量 x，y 进行线性回归分析时，有下列步骤：
   ①对所求出的回归直线方程作出解释；②收集数据 (x_i, y_i)，$i = 1, 2, \cdots, n$；③求线性回归方程；④求未知参数；⑤根据所搜集的数据绘制散点图
   根据可行性要求，如果能够得出变量 x，y 具有线性相关结论，则在下列操作中正确的是（　　）。
   A. ①②⑤③④　　B. ③②④⑤①　　C. ②④③①⑤　　D. ②⑤④③①
4. 已知直线回归方程为 $y = 2 - 1.5x$，则变量 x 增加一个单位时（　　）。
   A. y 平均增加 1.5 个单位　　　B. y 平均增加 2 个单位
   C. y 平均减少 1.5 个单位　　　D. y 平均减少 2 个单位
5. 一位母亲记录了儿子 3~9 岁的身高，由此建立的身高与年龄的回归直线方程为 $\hat{y} = 7.19x + 73.93$，据此可以预测这个孩子 10 岁时的身高，则正确的叙述是（　　）。
   A. 身高一定是 145.83 厘米　　　B. 身高超过 146.00 厘米
   C. 身高低于 145.00 厘米　　　　D. 身高约 145.83 厘米
6. 工人月工资（元）依劳动生产率（千元）变化的回归直线方程为 $\hat{y} = 60 + 90x$，下列判断正确的是（　　）。

A. 劳动生产率为 1 000 元时，工人月工资为 50 元
B. 劳动生产率提高 1 000 元时，工人月工资提高 90 元
C. 劳动生产率提高 1 000 元时，工人月工资提高 150 元
D. 劳动生产率为 1 000 元时，工人月工资为 90 元

7. 下列结论正确的是（　　）。
①函数关系是一种确定性关系；
②相关关系是一种非确定性关系；
③回归分析是对具有函数关系的两个变量进行统计分析的一种方法；
④回归分析是对具有相关关系的两个变量进行统计分析的一种常用方法。
A. ①②　　　　B. ①③　　　　C. ①②③　　　　D. ①②④

8. 已知回归直线的斜率的估计值为 1.23，样本点的中心为 (4, 5)，则回归直线方程为（　　）。
A. $\hat{y} = 1.23x + 4$
B. $\hat{y} = 1.23x + 5$
C. $\hat{y} = 1.23x + 0.08$
D. $\hat{y} = 0.08x + 1.23$

三、简答题

1. 请说明相关关系的含义和分类。
2. 简述函数关系和相关关系之间的区别与联系。
3. 如何理解相关分析和回归分析是相互补充、密切联系的？
4. 一元线性回归方程 $\hat{y} = a + bx$ 中，a、b 的含义是什么？

实训项目

某企业上半年产品产量与单位成本资料如下：

月份	产量/千件	单位成本/元
1	2	73
2	3	72
3	4	71
4	3	73
5	4	69
6	5	68

要求：
(1) 计算相关系数，说明两个变量相关的密切程度。
(2) 确定并求解一元线性回归方程，指出产量每增加 1 000 件时，单位成本平均变动多少。
(3) 假定产量为 6 000 件时，单位成本为多少元？

参 考 文 献

［1］姜燕，张喜春，刘婷．统计基础与实务［M］．南京：南京大学出版社，2015.
［2］宋建萍，宋菊．统计学原理与实务［M］．天津：天津大学出版社，2017.
［3］林侠．统计学原理与实务［M］．北京：北京师范大学出版社，2016.
［4］吴思莹，邢小博．统计学原理［M］．北京：北京大学出版社，2013.
［5］陈宏威，于海峰．统计基础与实务［M］．北京：中国人民大学出版社，2013.
［6］陈岩，滕达．统计学原理［M］．北京：中国轻工业出版社，2011.
［7］时培芬．统计学原理［M］．武汉：武汉理工大学出版社，2011.
［8］王海文．统计学原理与实务［M］．北京：清华大学出版社，2015.
［9］陈时艳．统计学原理［M］．厦门：厦门大学出版社，2011.
［10］顾美君．统计学基础与实务［M］．北京：中国财富出版社，2012.
［11］曹刚，李文新．统计学原理［M］．上海：上海财经大学出版社，2006.
［12］肖战峰．统计学基础［M］．成都：西南财经大学出版社，2008.
［13］邹宁．应用统计学［M］．北京：机械工业出版社，2010.
［14］陈嗣成．新编统计学原理［M］．北京：首都经济贸易大学出版社，2016.